초등학생이 꼭 읽어야 할

WOW
와우

5000년
세계여성
위인전
2

초등학생이 꼭 읽어야 할
WOW 5000년 세계여성위인전 ②

2021년 4월 26일 초판 1쇄 인쇄 | 2021년 4월 30일 초판 1쇄 발행

지은이 신현배
그린이 손호경

펴낸이 장진혁 | **펴낸곳** 형설출판사(형설아이)
주소 경기도 파주시 회동길 37-23 | **전화** (031) 955-2371, (031) 955-2361
팩스 (031) 955-2341 | **등록** 102-98-71832 | **홈페이지** www.hipub.co.kr
공급 형설출판사

ISBN 978-89-472-8548-3 74800
ISBN 978-89-472-8547-6 (세트)

ⓒ 신현배 2021 Printed in korea

※ 잘못된 책은 구입하신 곳에서 바꾸어 드립니다.
　이 책의 내용을 쓰고자 할 때는 저작권자와 출판사의 허락을 받아야 합니다.

초등학생이 꼭 읽어야 할

WOW

5000년
세계여성
위인전
2

글 신현배 | 그림 손호경

Children's books

머리말

　5000년 세계 역사를 돌아보면 많은 사건들이 있었고, 그 사건의 현장에는 중요한 인물들이 있음을 알 수 있습니다. 이들은 역사에 큰 발자취를 남겼으며, 오늘날에는 위인이라 불리고 있습니다.
　그런데 세계 위인전을 보면 대부분 남성 위인이고 여성 위인은 몇 사람 되지 않습니다. 그것은 왜 그럴까요? 역사의 사건 현장에는 틀림없이 여성들이 있었고, 남성 못지않게 역사에 큰 발자취를 남긴 여성도 적지 않은데 말입니다.
　그 이유는 5000년 세계 역사가 남성 중심으로 이어져 왔으며, 여자라는 이유만으로 억압과 차별 대우를 하고, 정당한 평가를 하지 않았기 때문입니다. 그러다 보니 역사의 주인공은 대부분 남성 위인이 될 수밖에 없었고, 대부분의 여성 위인은 역사 속에 묻혀 있어야 했습니다.
　그러나 세계 역사에는 영웅, 임금, 정치가, 문학가, 과학자, 사회사업가, 예술가, 학자, 인권운동가, 교육자, 사업가, 간호사, 비행사, 종교인, 의상 디자이너 등 다양한 분야에 걸쳐 많은 여성 위인들이 있습니다. 이들은 남성이 지배하는 사회에서 남성과 당당하게 맞서, 불굴의 노력으로 자기 분야에서 자신의 꿈을 이루었기에 더욱 훌륭합니다.

'사람은 역사를 만들고, 역사는 인물을 만든다.'라는 말이 있듯이, 위인은 자기 분야에서 역사를 만든 사람입니다. 자신이 정말로 좋아하는 일을 찾아, 피땀 어린 노력과 불굴의 의지로 남다른 업적을 남긴 것이지요.

이들에게는 배울 점이 참 많습니다. 이들은 자기 자신보다는 나라를 먼저 생각했으며, 어떤 어려움이 있더라도 좌절하지 않고 그것을 이겨 냈습니다. 또한 불의와 타협하지 않고 언제나 정의의 편에 섰으며, 자신의 재주를 갈고 닦는 데 게을리하지 않았습니다. 어린이 여러분도 이런 위인들을 본받아 자신의 꿈을 이루어 나갔으면 합니다.

이 책은 5000년 세계 역사에 길이 남을 여성 위인 30명을 가려 뽑아, 그 생애와 업적을 분야별로 나누어 소개한 책입니다.

제1권에서는 예술가, 학자, 인권운동가, 교육자, 사업가, 간호사, 비행사, 종교인, 의상 디자이너를, 제2권에서는 영웅, 군주, 정치가, 문학가, 과학자, 사회사업가를 다루었습니다.

아무쪼록 이 책을 통해 역사에 대한 흥미와 관심을 갖고, 남성과 여성이 함께 이끌어 가는 새로운 역사의 주인공이 되시기 바랍니다.

차 례

••• 영웅 편
잔 다르크 | 조국을 구한 프랑스의 소녀 영웅   8

••• 군주 편
엘리자베스 1세 | 스페인의 무적 함대를 무찌른 잉글랜드의 여왕   24
빅토리아 여왕 | '해가 지지 않는 나라'의 여왕   42

••• 정치가 편
골다 메이어 | 이스라엘의 어머니   56
마거릿 대처 | 영국 최초의 여자 수상   82
아웅산 수치 | 미얀마 민주화 운동의 기수   100

●●● 문학가 편

해리엇 비처 스토 | 미국 역사를 바꾼 소설 〈톰 아저씨의 오두막〉의 작가   114

샬롯 브론테 | 〈제인에어〉를 쓴 영국의 인기 작가   132

버지니아 울프 | 영국이 낳은 최고의 작가   146

펄 벅 | 동양을 사랑한 〈대지〉의 작가   160

●●● 과학자 편

마리 퀴리 | 과학의 어머니   176

레이첼 카슨 | 환경 보호 운동의 선구자   188

제인 구달 | 평생 침팬지와 함께 산 동물학자   204

●●● 사회사업가 편

제인 애덤스 | '세상에서 가장 훌륭한 여성'으로 뽑혔던 사회사업가   226

헬렌 켈러 | 장애인들의 빛이 된 사랑의 천사   242

여성 위인전 영웅 편

조국을 구한 프랑스의 소녀 영웅

잔 다르크

1412~1431, 프랑스 동부 동레미의 시골 마을에서 농부의 딸로 태어났다. 어려서부터 부지런하고 신앙심이 깊었다. 13세 때 '영국군을 몰아내고 프랑스를 구하라.'는 하느님의 계시를 받았으며, 4년 뒤에는 '왕태자를 설득하여 그의 군대를 이끌고 영국군과 맞서 싸우라.'는 하느님의 계시를 받았다. 이에 군대를 이끌고 오를레앙 성으로 가서 영국군을 무찔렀다. 그 뒤 가는 곳마다 승리를 거두었으며, 1429년 랭스에서 왕태자의 대관식을 거행했다. 그러나 1430년 5월 콩피에뉴 전투에 나섰다가 포로가 되어, 1년 뒤에 루앙 시의 장터에서 화형을 당했다. 1920년 가톨릭 교회에서는 그를 성인으로 선포했다.

1424년 여름의 어느 날 저녁이었습니다.

프랑스 동부 동레미의 시골 마을에 사는 13세 소녀 잔 다르크는 양떼를 몰고 집으로 돌아왔습니다. 그는 양들에게 풀을 뜯어 먹이려고 온종일 들판에 나가 있었습니다.

'오늘도 하루를 무사히 잘 보냈구나. 하느님께 감사 기도를 드려야겠다.'

신앙심이 깊은 잔 다르크는 양떼를 우리에 집어넣은 뒤, 기도를 하려고 집 앞에 있는 샘터로 갔습니다.

샘터에서는 교회가 보였습니다. 잔 다르크는 샘터 옆의 나무 아래에 꿇어 앉아 교회를 향해 머리를 숙였습니다. 때마침 교회에서는 저녁 종소리가 울렸습니다. 잔 다르크는 종소리를 들으며 기도를 시작했습니다.

"하느님, 감사합니다. 하느님의 도우심으로 오늘도 하루를 무사히 마쳤습니다."

그런데 그때, 잔 다르크의 귀에 이상한 소리가 들렸습니다.

"잔아, 하느님의 분부시다. 너는 조국 프랑스를 구하여라."

잔 다르크는 깜짝 놀라 눈을 떴습니다. 교회에서는 한 줄기 빛이 쏟아져 그에게 비치고, 하늘에서는 이상한 소리가 들려왔습니다.

잔 다르크는 겁에 질려 몸을 부들부들 떨었습니다.

"누, 누구시죠?"

잔 다르크가 겁먹은 목소리로 이렇게 묻자, 이번에는 하늘에서 부드러운 목소리가 들려왔습니다.

"겁내지 마라. 나는 미카엘 천사장이다. 내 양 옆에 있는 것은 성녀 마르가리타와 카테리나이니라."

그제야 잔 다르크의 눈에는 하늘의 천사들이 보였습니다. 그들은 온화한 미소를 지으며 잔 다르크를 내려다보고 있었습니다.

미카엘 천사장이 다시 말했습니다.

"너는 하느님의 명령에 따라야 한다. 영국군을 몰아내고 조국 프랑스를 구하여라."

잔 다르크가 입을 열었습니다.

"저는 칼도 창도 다룰 줄 모릅니다. 그런데 어떻게 영국군을 무찌를 수 있겠습니까?"

"걱정하지 마라. 하느님이 너를 도우실 것이다. 너는 하느님의 뜻에 따르기만 하면 된다."

말을 마친 미카엘 천사장은 천사들과 함께 바람처럼 사라졌습니다. 교회에서 비쳐오던 빛도 자취를 감추었습니다.

'내가 지금 꿈을 꾸었나? 왜 나한테 이런 일이 일어난 거지?'

잔 다르크는 자신이 겪은 일을 사람들에게 말하지 않았습니다. 하느님의 계시를 받았다는 사실이 자신도 믿어지지 않았기 때문입니다.

그러나 그 뒤에도 천사들은 자주 그에게 나타나 조국 프랑스를 구하라는 하느님의 계시를 전했습니다. 이런 신비로운 일은 4년 동안이나 계속되었습니다. 잔 다르크는 이제 하느님의 계시를 믿게 되었습니다.

'나는 우리 조국 프랑스를 집어삼키려는 영국군을 이 땅에서 몰아내야 한다. 그래서 조국을 위기에서 구해야 한다.'

잔 다르크는 하느님이 맡겨 주신 사명을 깨닫고 때가 오기를 기다렸습니다.

당시에 프랑스는 영국과 지루한 백년전쟁을 치르고 있었습니다. 이 전쟁은 1337년에 시작되었습니다. 그 무렵 프랑스에서는 국왕 필립 4세의 막내아들인 샤를 4세가 후계자 없이 세상을 떠나자 발루아 집안의 필립 6세가 왕위를 이었습니다. 그러자 영국의 국왕 에드워드 3세가 이렇게 주장하고 나섰습니다.

"왕위를 이어받을 사람은 바로 나다. 내 어머니가 필립 4세의 딸이니, 나는 필립 4세의 외손자가 아닌가."

에드워드 3세는 자신에게 왕위 계승권이 있다고 주장하며 1337년 군대를 이끌고 프랑스로 쳐들어갔습니다. 이리하여 백년 전쟁이 시작된 것입니다.

영국군은 프랑스군보다 세 배나 군사가 많고 전력이 강했습니다. 가는 곳마다 프랑스군을 크게 무찔렀습니다. 에드워드 3세는 1360년 프랑스와 브레티니 조약(칼레 조약)을 맺고 프랑스 땅 일부와 거액의 배상금을 받았습니다.

그 후 1369년 영국군의 프랑스 침입으로 다시 시작된 전쟁은 프랑스군의 반격으로 싸움이 더욱 치열해졌습니다.

프랑스의 국왕 샤를 5세는 브레티니 조약으로 영국에 빼앗겼던 땅 대부분을 되찾았습니다. 결국 두 나라는 1375년 휴전 협정을 맺었습니다. 이 휴전 협정으로 영국과 프랑스는 30여 년 동안 평화를 이어갔습니다.

그러던 중 1407년 프랑스에서 내전이 일어났습니다. 당시 정신병을 앓던 샤를 6세를 누르고 권력을 차지하기 위해, 귀족들이 부르고뉴파와 아르마냐크파로 나뉘어 싸움을 시작한 것입니다.

1413년 영국에서는 헨리 5세가 왕위에 올랐습니다. 헨리 5세는 내전으로 허약해진 프랑스를 손아귀에 넣겠다는 야심을 품었습니다. 그래서 부르고뉴파와 동맹을 맺고 프랑스로 쳐들어갔습니다. 영국군은 노르망디와 루엔을 함락하는 등 프랑스 북부 지방을 대부분 빼앗았습니다.

1420년 5월 20일, 샤를 6세와 헨리 5세는 트로아 조약을 맺었습니다. 헨리 5세가 샤를 6세의 딸 카트린과 결혼함으로써 샤를 6세에 이어 프랑스 왕위를 계승하기로 한 것입니다.

1422년 헨리 5세와 샤를 6세가 잇달아 죽었습니다. 영국에서는 나이 어린 헨리 6세가 왕위에 올랐습니다.

이렇게 되자 궁지에 몰린 것은 샤를 왕태자(뒤에 샤를 7세)와 그를 지지하는 아르마냐크파였습니다. 트로아 조약에 따라 헨리 6세가 프랑스 국왕을 겸하게 되었기 때문입니다.

그러나 샤를 왕태자는 이를 인정할 수 없었습니다. 그는 프랑스 남쪽 지방에서 영국군과 맞섰습니다. 그리하여 프랑스는 남쪽 지방은 샤를 왕태자, 북쪽 지방은 영국의 헨리 6세가 지배하게 되었습니다.

잔 다르크의 고향인 동레미는 영국-부르고뉴 연합 세력과 아르마냐크의 경계 지역이었습니다. 그러다 보니 영국과 부르고뉴 연합군에게 여러 번 약탈을 당했습니다.

어느 날, 고향 마을로 좋지 않은 소식이 날아들었습니다. 영국군이 남쪽으로 쳐내려가 오를레앙 성을 포위하고 있다는 것이었습니다.

마을 사람들은 걱정스러운 얼굴로 이야기를 주고받았습니다.

"야단났군. 오를레앙은 남쪽 지방에서 가장 중요한 군사 지역이잖아. 여기를 점령당하면 샤를 왕태자님도 더 이상 버티지 못할걸."

"물론이야. 오를레앙을 빼앗기면 샤를 왕태자님이 있는 시농 성도 무사하지 못하지. 아마 모래성처럼 무너지고 말 거야."

"남쪽 지방마저 빼앗기면 모든 땅을 잃게 되는 셈이군. 이제 프랑스는 영국의 식민지가 되어 버리겠어."

프랑스로서는 크나큰 위기였습니다. 이 위기에서 벗어나려면 오를레앙을 지키는 것이 무엇보다도 중요했습니다.

그즈음 잔 다르크 앞에 미카엘 천사장이 나타나서 말했습니다.

"잔아, 드디어 네가 나설 때가 되었다. 고통에 신음하는 프랑스 사람들을 구해 주어라. 당장 길을 떠나 보쿨뢰르 성을 찾아가거라. 그곳 수비대장을 통해 왕태자를 만나라. 왕태자를 만나면 그를 설득하여 그의 군대를 이끌고 영국군과 맞서 싸워라. 하느님은 언제나 너와 함께하실 것이다."

하느님의 계시를 받은 잔 다르크는 친척 아저씨인 뒤랑에게 부탁하여 함께 보쿨뢰르 성으로 떠났습니다. 뒤랑은 보쿨뢰르 성의 수비대장과 전부터 잘 아는 사이였기 때문입니다.

수비대장은 뒤랑을 반갑게 맞이했습니다.

"이게 얼마 만인가? 어서 오게."

"그간 평안하셨습니까? 제 조카인 이 아이가 수비대장님께 긴히 드릴 말씀이 있다고 해서 이렇게 데려왔습니다."

수비대장은 잔 다르크를 내려다보았습니다.

"나에게 하고 싶은 말이 뭐지? 말해 보아라."

"예, 수비대장님. 저는 미카엘 천사장님으로부터 하느님의 계시를 전해 받았습니다. 수비대장님을 통해 왕태자님을 만나 뵙고, 왕태자님의 군대로 영국군과 맞서 싸우라고 하셨습니다. 그러니 수비대장님이 제가 왕태자님을 만나 뵙도록 해 주십시오."

수비대장은 어이없다는 표정을 지었습니다.

"뭐, 하느님의 계시를 전해 받았다고? 이 아가씨가 제정신이 아니네. 바쁜 사람 붙잡아 놓고 어디 와서 헛소리를 하는 거야? 뒤랑, 제발 이 미친 아가씨를 데리고 그만 나가 주게. 더 이상 듣고 싶지 않으니까."

수비대장은 두 사람을 성 밖으로 쫓아냈습니다. 잔 다르크는 할 수 없이 집으로 돌아왔습니다.

그러나 그의 머릿속에는 하느님의 계시가 떠나지 않았습니다.
'무슨 수를 쓰든지 수비대장을 설득해 왕태자님을 만나야 해.'
얼마 뒤 잔 다르크는 혼자서 보쿨뢰르 성을 찾아갔습니다.
"수비대장님, 왕태자님을 만나게 해 주십시오. 우리 프랑스의 운명이 걸려 있습니다."
잔 다르크는 간절한 목소리로 수비대장에게 애원했습니다. 그리고 자신이 천사들을 만난 이야기를 자세히 털어놓았습니다.
수비대장은 처음엔 코웃음을 쳤지만, 나중엔 알 수 없는 힘에 이끌려 마음이 움직였습니다. 그래서 샤를 왕태자를 만나게 해 주겠다고 약속하고 말았습니다.

1429년 2월 13일, 잔 다르크는 남자의 복장을 한 채 시농 성을 향해 출발했습니다. 그는 여섯 병사의 호위를 받으며 머나먼 길을 갔습니다.
보쿨뢰르 성을 벗어난 지 얼마 안 되었을 때, 하늘에서 미카엘 천사장의 목소리가 들려왔습니다.
"잔아, 곧장 가면 수도원이 나올 것이다. 수도원에 들러 칼을 찾아가거라. 칼은 수도원 제단 뒤에 묻혀 있다."
길을 따라 곧장 가자 언덕 위에 수도원이 있었습니다. 잔 다르크는 일행과 수도원에 들러 수도원장을 만났습니다.

"원장님, 저는 지금 하느님의 계시로 조국 프랑스를 구하러 가는 길입니다. 이 수도원 제단 뒤에 묻혀 있다는 칼을 파 가지고 가겠습니다."

잔 다르크는 수도원장의 허락을 얻어 제단 뒤를 팠습니다. 그러자 땅 속에서 상자가 나오고, 상자 속에는 칼 한 자루가 들어 있었습니다. 황금 십자가 다섯 개가 새겨진 칼이었습니다.

잔 다르크는 칼을 들고 여행을 계속하여, 11일 만에 마침내 시농 성에 도착했습니다.

샤를 왕태자는 수비대장이 보낸 편지를 받아 잔 다르크가 올 줄을 미리 알고 있었습니다.

한 신하가 왕태자에게 말했습니다.

"잔 다르크라는 소녀는 어쩌면 적군이 보낸 첩자일지도 모릅니다. 조심하셔야겠습니다."

왕태자는 신하의 충고를 받아들여, 잔 다르크가 도착했을 때 일부러 병사처럼 꾸며 병사의 무리 속으로 들어갔습니다. 그리고 자신의 보좌에는 다른 신하를 앉혔습니다.

이윽고 잔 다르크가 궁전에 나타났습니다. 잔 다르크는 보좌 앞으로 나아가다가 갑자기 줄지어 선 병사들 쪽으로 몸을 홱 돌렸습니다. 그러더니 한 병사 앞에 무릎을 꿇고 엎드렸습니다.

"왕태자님, 처음 뵙겠습니다. 저는 잔이라고 합니다."

왕태자와 신하들은 깜짝 놀랐습니다. 왕태자를 족집게처럼 찾아냈기 때문입니다.

"미카엘 천사장님이 가르쳐 주셨습니다. 그래서 왕태자님께 제일 먼저 인사를 드렸습니다."

잔 다르크는 왕태자가 궁금해하는 것을 알려 주었습니다.

"저는 하느님에게 두 가지 명령을 받았습니다. 하느님은 영국군에 포위된 오를레앙 성을 구하고, 왕태자님의 대관식을 치르라고 하셨습니다."

잔 다르크는 시농 성으로 오는 동안 받은 하느님의 계시를 왕태자에게 전했습니다.

왕태자가 말했습니다.

"좋다. 너를 하느님의 사자로 인정하지. 너에게 군대를 내줄 테니 영국군을 무찌르고 오를레앙 성을 구하라."

"왕태자님, 감사합니다."

잔 다르크는 은빛 갑옷과 투구로 무장하고 흰 말을 탔습니다. 그러고는 왕태자의 군대를 거느리고 오를레앙 성으로 향했습니다. 이때가 4월 27일이었습니다.

오를레앙 성은 1428년 10월 12일부터 영국군에 포위되어 있었습니다. 잔 다르크는 이 포위망을 뚫고 오를레앙 성으로 들어갔습니다. 그리고 5월 4일 성 밖으로 나와 영국군 진영으로 쳐들어갔습니다.

"공격하라, 공격하라!"

잔 다르크는 선두에 서서 마구 칼을 휘둘렀습니다. 영국 병사들이 가랑잎처럼 쓰러졌습니다. 프랑스 병사들은 잔 다르크의 활약을 보고 힘을 얻었습니다. 이들은 몸을 아끼지 않고 영국군과 용감하게 싸웠습니다.

프랑스군의 공격 앞에 영국군은 맥없이 무너졌습니다. 마침내 잔 다르크의 군대는 영국군을 무찌르고 오를레앙 성을 구할 수 있었습니다.

잔 다르크의 군대는 영국군에게 하느님의 군대로 알려졌습니다. 영국 병사들은 잔 다르크만 보면 달아나기에 바빴습니다. 잔 다르크는 가는 곳마다 승리를 거두었습니다.

1429년 7월 17일, 잔 다르크는 왕태자를 호위하고 랭스로 갔습니다. 랭스에서는 왕태자의 대관식이 열렸습니다. 샤를 왕태자는 드디어 왕위에 올라 샤를 7세가 되었습니다.

1430년 5월, 잔 다르크는 콩피에뉴 전투에 나섰다가 부르고뉴 군에 붙잡히고 말았습니다. 부르고뉴 군은 1만 프랑의 몸값을 받고 잔 다르크를 영국에 넘겼습니다.

1431년 1월부터 잔 다르크는 루앙의 생트앙 교회에서 재판을 받았습니다.

"잔 다르크는 마녀이며 이단자이다. 그에게 사형을 선고한다."

재판관들은 잔 다르크에게 마녀라는 죄를 뒤집어씌워 사형 판결을 내렸습니다.

1431년 5월 30일, 잔 다르크는 온몸이 꽁꽁 묶인 채 형장으로 끌려갔습니다. 루앙 시의 장터에는 이미 장작더미가 쌓여 있었습니다.

잔 다르크는 장작더미 위에 세워진 나무 기둥에 묶였습니다.

이윽고, 영국군 병사들은 장작더미에 기름을 부었고, 불을 붙였습니다.

불길에 휩싸여 죽어가며 마지막으로 기도를 드렸습니다.

"하느님, 저들을 용서해 주세요. 주여, 주여!"

잔 다르크는 이렇게 화형을 당했지만, 5년 뒤 샤를 7세에 의해 명예 회복 재판이 열렸습니다. 이 자리에서는 잔 다르크에게 무죄가 선고되었습니다.

1920년 5월 16일, 가톨릭 교회에서는 잔 다르크를 성인으로 선포했습니다.

오늘날 프랑스 국민들은 잔 다르크를, 조국을 위기에서 구한 프랑스 최고의 영웅으로 섬기고 있습니다.

스페인의 무적함대를 무찌른 잉글랜드의 여왕
엘리자베스 1세

1533~1603, 헨리 8세와 앤 불린의 딸로 태어나 1558년 배다른 언니인 메리 여왕의 뒤를 이어 왕위에 올랐다. 1588년 잉글랜드 함대로 스페인이 자랑하는 무적함대를 무찔렀다. 1600년 동인도 회사를 세우고 월터 롤리에 의해 북아메리카의 버지니아 식민지를 개척하는 등, 영국이 해외에 많은 식민지를 개척하여 '해가 지지 않는 나라'로 자리잡는 데 그 기틀을 마련했다. 또한 셰익스피어, 스펜서, 베이컨 등 뛰어난 문인들을 많이 배출하여 '잉글랜드의 르네상스' 시대를 열었다.

　16세기 유럽에서 스페인이 최강국으로 군림할 때 영국 잉글랜드를 다스린 사람은 헨리 8세였습니다. 그는 튜더 왕조의 왕으로, 18세에 아버지인 헨리 7세로부터 왕위를 물려받았습니다.
　헨리 8세는 왕권을 강화하면서 군사력을 기르는 데 힘을 쏟았습니다. 영국 최초로 해군청을 세웠으며, 다른 나라에서 배 만드는 기술자들을 불러들여 400톤급 이상의 범선을 만들기도 했습니다. 이 배는 3, 4층 갑판에 대포를 단 큰 군함이었습니다. 이러한 군함들로 강한 잉글랜드 함대가 만들어졌습니다.
　헨리 8세에게는 한 가지 간절한 소원이 있었습니다. 그것은 왕위를 물려줄 아들을 얻는 것이었습니다. 하지만 왕비 캐서린은 끝내 아들을 낳지 못했습니다. 겨우 하나 낳은 자식이 딸인 메리 튜더였습니다.
　캐서린은 헨리 8세보다 다섯 살이 더 많았습니다. 이제는 나이가 들고 몸이 약해 더는 자식을 낳을 수 없었습니다. 헨리 8세는 애가 탔습니다.

'아, 나는 무슨 수를 쓰든지 아들을 얻어야 해. 왕비와 이혼하고 새 왕비를 얻어 아들을 낳아야겠다.'

헨리 8세는 마침내 이런 결심을 하고 캐서린과 이혼을 하려고 했습니다.

당시에 잉글랜드는 가톨릭을 믿고 있었습니다. 따라서 이혼을 하려면 로마 교황의 허락을 받아야 했습니다. 그러나 교황은 헨리 8세의 청을 거절했습니다.

"이혼은 절대 안 됩니다. 하느님이 맺어 주신 짝을 왜 사람이 버리려 합니까?"

가톨릭 교회에서는 이혼을 금하고 있었던 것입니다.

교황이 반대한다고 해서 이혼을 포기할 헨리 8세가 아니었습니다. 그는 가톨릭 교회의 그늘에서 벗어나 영국 국교인 성공회를 만들었습니다. 그러고는 캐서린과 이혼하고 앤 불린과 결혼했습니다.

1533년 9월 7일, 두 번째 왕비 앤 불린은 아기를 낳았습니다. 이 아기가 바로 엘리자베스입니다. 엘리자베스는 할머니 이름을 따서 지어진 이름이었습니다.

아기가 태어났지만 헨리 8세는 조금도 기뻐하지 않았습니다.

"뭐라고? 이번에 태어난 아기도 공주란 말이야?"

오히려 화를 벌컥 내며, 그리니치의 프라이어스 교회에서 베풀어진 어린 딸의 세례식에도 나가지 않았습니다. 그리고 앤 불린이 1536년에 두 번째 아기를 사산(임신 4개월 이상이 되어 죽은 태아를 낳음)하자, 헨리 8세는 앤 불린에게 반역죄를 뒤집어씌워 런던 탑에 가둔 뒤 사형을 시켜 버렸습니다.

헨리 8세는 그 뒤에도 아들을 낳으려고 네 명의 왕비를 더 얻었습니다. 그리하여 그 가운데 한 명에게서 간절히 원하던 아들을 낳았습니다. 이 아이가 헨리 8세에 이어 왕위에 오르는 에드워드입니다.

네 살 때 어머니를 여읜 엘리자베스는 햇필드의 별궁에서 외롭게 자랐습니다. 헨리 8세는 앤 불린과의 결혼을 무효라고 선언했기에, 엘리자베스는 하루아침에 사생아가 되었습니다.

그는 아버지의 사랑을 받지 못했습니다. 엘리자베스를 돌보는 시녀가 "공주님의 옷들이 몸에 맞지 않습니다. 새 옷을 보내 주십시오."라고 헨리 8세에게 사정할 정도였습니다.

엘리자베스는 부모에게 재롱을 부리며 자라지 못해서인지 어려서부터 어른스러웠습니다. 이미 여섯 살에 마흔 살이 된 사람처럼 의젓했다고 합니다.

1547년 헨리 8세가 세상을 떠났습니다. 그 뒤를 이은 것은 아

들 에드워드였습니다. 에드워드 6세가 된 그는 왕위에 오를 때 겨우 열한 살밖에 안 되었습니다.

그러나 몸이 약한 에드워드 6세는 결국 폐병을 앓고, 6년 뒤인 1553년에 세상을 떠나고 말았습니다. 그리하여 엘리자베스의 배 다른 언니인 메리 튜더가 여왕의 자리에 올랐습니다.

메리 여왕은 에드워드 6세나 엘리자베스와는 달리 가톨릭 신자였습니다. 그는 국민들을 다시 가톨릭 교회로 이끌려고 했습니다.

그래서 개신교 신자들을 심하게 탄압하여 1555년 2월부터 1558년까지 300여 명을 이단으로 몰아 불태워 죽였습니다. 이때부터 메리 여왕에게는 '피의 메리'라는 별명이 생겼습니다.

스페인은 가톨릭을 믿는 나라였습니다. 메리 여왕은 스페인의 필립 왕자(뒤에 스페인 왕 펠리페 2세)와 결혼하려고 했습니다. 그러자 국민들은 일제히 반대하고 나섰습니다.

"스페인은 가톨릭을 믿을 뿐 아니라 우리 잉글랜드보다 강한 나라입니다. 여왕님이 스페인의 왕자와 결혼하면 우리나라는 스페인의 손아귀에 들어갈 수 있습니다. 그리고 우리는 양털로 짠 모직물을 만들어 파는데, 수출에도 타격을 받게 됩니다."

그러나 메리 여왕은 국민들의 말을 듣지 않았습니다. 끝까지 결혼을 밀어붙였습니다.

이렇게 되자 토머스 와이어트를 비롯한 잉글랜드의 지도자들은 한자리에 모였습니다.

"메리 여왕을 그대로 두어선 안 됩니다. 군사를 일으켜 메리 여왕을 쫓아냅시다."

"반란에 성공하면 엘리자베스 공주를 우리 잉글랜드의 여왕으로 모십시다."

지도자들은 반란을 일으키기로 뜻을 모으고 1554년 1월, 드디어 군사를 일으켰습니다.

"와아! 메리 여왕을 몰아내자!"

"런던으로 진격하라!"

토머스 와이어트는 군대를 이끌고 런던으로 쳐들어갔습니다. 그러나 반란군은 런던을 점령할 수 없었습니다.

정부군이 반란군보다 더 강했기 때문입니다. 전투에 크게 패한 뒤 토머스 와이어트마저 체포되어, 반란은 결국 실패로 끝나고 말았습니다.

"반란군은 엘리자베스 공주를 왕으로 삼으려 했다. 엘리자베스 공주를 체포하라."

메리 여왕은 신하들에게 엘리자베스 공주를 붙잡아 오라고 명령했습니다. 그리하여 엘리자베스는 2월 22일 런던으로 끌려왔습니다.

"나는 아무 죄가 없어요. 이 반란과 아무 관련이 없다고요."

"거짓말하지 마라. 너는 반란군과 짜고 나를 쫓아낸 뒤 임금의 자리에 앉으려 했지?"

엘리자베스는 억울하다고 했지만 메리 여왕은 그의 말을 믿지 않고 반역죄로 엘리자베스를 런던탑에 가두어 버렸습니다.

그러나 엘리자베스를 반역죄로 처형하려고 해도 증거를 찾을 수 없었습니다.

4월 11일, 토머스 와이어트는 처형당하기 전에 이런 말을 남겼습니다.

"엘리자베스 공주님은 우리 거사와 아무 관련이 없습니다. 공주님은 우리가 거사를 한다는 것도 사전에 전혀 몰랐습니다. 거사에 성공하면 공주님을 여왕으로 모시겠다고 우리끼리 정해 놓았을 뿐입니다."

토머스 와이어트의 마지막 증언 덕분에 엘리자베스는 런던탑에서 풀려날 수 있었습니다.

그 뒤에도 메리 여왕을 쫓아내고 엘리자베스를 여왕으로 모시겠다는 거사는 몇 차례 더 있었습니다. 그러나 모두 실패로 끝나고 말았습니다.

그렇게 지독하게 굴었지만 메리 여왕은 임금 노릇을 오래 하지는 못했습니다. 1558년, 열병에 걸려 숨을 거둔 것입니다.

"메리 여왕이 돌아가셨습니다. 이제 공주님이 왕위에 오르셔야 합니다."

엘리자베스는 아침 일찍 신하들의 방문을 받았습니다.

엘리자베스는 무릎을 꿇고 찬송가를 불렀습니다. 그리고 감격에 겨워 말했습니다.

"이것은 주님께서 하신 일입니다. 우리 눈에 기적을 보여 주셨습니다."

엘리자베스는 드디어 임금의 자리에 올라 엘리자베스 1세가 되었습니다.

엘리자베스 1세는 화려한 대관식을 마친 뒤, 윌리엄 세실을 국무 장관에 임명했습니다. 윌리엄 세실은 나라에 충성을 다하고, 임금 앞에서도 바른말을 잘하는 능력 있는 관료였습니다.

엘리자베스 1세는 뒷날 윌리엄 세실에게 이렇게 말했습니다.

"내가 어째서 세실 경을 중용(중요한 자리에 임명하여 부림)했는지 아시오? 세실 경이야말로 부정을 저지르지 않고 나라에 충성을 다할 뿐 아니라, 내 의견과 상관없이 자신의 의견을 확실히 말해 줄 사람으로 여겼기 때문이오."

그의 판단은 옳았습니다. 윌리엄 세실은 40년 동안 여왕을 모시며 나라를 위해 최선을 다해 일했습니다.

엘리자베스 1세는 국민들에게 인기가 높은 여왕이었습니다. 그는 마차를 타고 거리로 나가 국민들과 이야기하는 것을 좋아했습니다.

"여왕 폐하 만세!"

하고 국민들이 외치면, 엘리자베스 1세는 거리에 서서 기도했습니다.

"하느님, 사랑하는 백성들에게 복을 내려 주세요."

국민들은 여왕이 결혼하기를 바랐습니다.

"폐하, 결혼하셔야 합니다. 왕자를 낳아 후계자로 삼으셔야 합니다."

의회 의원들이나 왕족들이 결혼하기를 청해도 엘리자베스 1세는 완강하게 거절했습니다.

"싫습니다. 결혼한 여왕으로 사느니 차라리 거지가 되어 혼자 살겠어요."

잉글랜드 밖에는 엘리자베스 1세와 결혼하고 싶어하는 여러 구혼자가 있었습니다. 스페인의 펠리페 2세를 비롯하여 스웨덴의 에리크 14세, 오스트리아의 카를 대공, 뒷날 프랑스 왕이 된 앙주 공작 앙리, 알랑송 공작 프랑수아 등이 그들이었습니다. 그러나 엘리자베스 1세는 그들의 청혼을 받아들이지 않았습니다. 언젠가는 스페인의 펠리페 2세의 청혼을 거절하면서 이렇게 말하기도 했습니다.

"나는 이미 잉글랜드와 결혼한 몸입니다. 잉글랜드 백성들이 모두 나의 자식들입니다."

국민들은 엘리자베스 1세를 '처녀 여왕'이라고 부르며 우러러보았습니다. 탐험가 월터 롤리는 잉글랜드의 첫 식민지인 북아메리카를 발견하고는 그 지역을 '버지니아'라고 이름 붙였습니다. 그것은 '처녀지'라는 뜻으로, 엘리자베스 1세에 대한 존경의 표시로 그렇게 이름 붙인 것입니다.

잉글랜드의 이웃 나라 스코틀랜드의 여왕 메리 스튜어트는 엘리자베스 1세의 할아버지인 헨리 7세의 증손녀였습니다. 1568년 스코틀랜드에서 일어난 귀족들의 반란으로 왕위에서 쫓겨난 그는 잉글랜드로 도망쳐 왔습니다.

엘리자베스 1세는 난처했습니다. 메리 스튜어트는 가톨릭 신자이면서 잉글랜드의 왕위 계승자일 뿐만 아니라 잉글랜드의 가톨릭 귀족들로부터 지지를 받고 있었기 때문입니다.

그러나 엘리자베스 1세는 메리 스튜어트를 받아들이고 그가 살 곳을 마련해 주었습니다. 어려운 처지에 있는 친척을 도와주는 것이 사람의 도리라고 생각했기 때문입니다.

하지만 메리 스튜어트는 은혜를 원수로 갚았습니다. 가톨릭 귀족들과 손잡고 엘리자베스 1세를 죽이고 자신이 잉글랜드 여왕이 될 음모를 꾸몄던 것입니다. 반란을 일으킨 것은 1569년, 1583년, 1586년 이렇게 세 차례였습니다. 1586년에는 엘리자베스 1세가 반란 세력에게 살해당할 뻔했습니다.

메리 스튜어트는 곧 재판에 넘겨졌고 사형 선고를 받았습니다. 엘리자베스 1세가 사형 집행 영장에 서명하면 사형이 집행되는 것이었습니다. 그러나 엘리자베스 1세는 서명을 거부했습니다.

"메리 스튜어트는 나의 친척이다. 혈육인 그를 어떻게 죽일 수 있겠는가."

그러자 의회 의원들이 들고 일어났습니다.

"메리 스튜어트는 여왕 폐하를 죽이려 했던 원수입니다. 살려 주면 또다시 폐하를 몰아낼 음모를 꾸밀 것입니다."

의회 의원들뿐 아니라 국민들도 메리 스튜어트를 처형하라고 아우성쳤습니다. 엘리자베스 1세는 국민들의 요구를 더 이상 거부할 수 없었습니다. 3개월을 망설인 끝에 사형 집행 영장에 서명했습니다.

1587년 2월 8일, 메리 스튜어트는 반역죄로 처형되어 형장의 이슬로 사라졌습니다. 엘리자베스 1세는 큰 슬픔을 느꼈습니다. 그는 며칠 동안 방 안에 틀어박혀 밖으로 나오지 않았습니다.

스페인의 펠리페 2세는 메리 스튜어트의 처형 소식을 듣고 깜짝 놀랐습니다.

'나는 메리 스튜어트가 엘리자베스를 몰아내고 잉글랜드의 여왕이 되기를 바랐는데, 모든 일이 물거품이 되었구나. 이렇게 되면 잉글랜드와 전쟁을 하는 수밖에……'

펠리페 2세가 엘리자베스 1세를 몰아내려고 하는 데는 이유가 있었습니다.

당시에 스페인은 유럽에서 가장 강한 나라였습니다. 세계 여러 곳에 식민지를 개척하여 막대한 재물을 거두어들이고 있었습니다. 이러한 스페인에 도전장을 내민 것은 잉글랜드였습니다. 엘리자베스 1세는 스페인의 식민 지배에 저항하는 네덜란드에 군대를 보내 그들을 돕게 했습니다. 그리고 유명한 해적 두목인 드레이크가 스페인의 배들을 습격하여 금은보화를 빼앗아도 눈감아 주었습니다.

"해적 두목 드레이크를 우리에게 넘겨라."

스페인의 펠리페 2세는 이렇게 요구했지만 엘리자베스 1세는 이에 응하지 않았습니다. 오히려 드레이크에게 기사 작위를 주고 그를 왕실 함대 사령관으로 임명했습니다.

펠리페 2세는 이런 상황에서 메리 스튜어트의 처형 소식까지 전해 듣자 잉글랜드 공격을 서둘렀습니다.

"스페인의 군함들은 카디스 항에 집결하라!"

그러나 드레이크가 한 발 빨랐습니다. 그는 함대를 이끌고 스페인 해안을 습격하여 카디스 항에 머물러 있던 스페인의 군함 수십 척을 침몰시켰습니다.

드레이크는 재빨리 잉글랜드로 돌아와 엘리자베스 1세에게 보고했습니다.

"여왕 폐하, 스페인 왕의 수염을 태웠습니다."

잉글랜드를 공격하기도 전에 뒤통수를 맞은 펠리페 2세는 이를 부득부득 갈았습니다.

'어디 두고 보자. 잉글랜드를 반드시 정복하고 말리라.'

1588년 7월, 펠리페 2세는 스페인이 자랑하는 무적함대를 잉글랜드로 보냈습니다. 군함 130척에, 3만 명에 이르는 대군이었습니다.

그러나 잉글랜드 함대는 겨우 34척뿐이었습니다. 병력도 8천 명밖에 되지 않았습니다. 각 지방의 항구에서 보내온 50척의 상선이 있지만 그것은 전선이 아니었습니다.

엘리자베스 1세는 출전하는 병사들을 찾아가 격려했습니다.

"병사들이여, 나는 하느님을 위해, 국민들을 위해, 나의 명예와 가문의 영광을 위해 나의 목숨을 바칠 것이다. 여러분도 알다시피 나는 작고 연약한 여자다. 그러나 나는 왕으로서의 열성과 배짱이 있다. 그러니 나를 믿고 스페인 함대와 용감하게 싸우라."

여왕의 연설로 병사들은 사기가 하늘을 찌를 듯이 높아졌습니다. 그리고 잉글랜드 함대에는 총사령관 하워드 경, 부사령관 드레이크, 해군 소장 존 호킨스, 프로비셔 등 쟁쟁한 장군들이 있었습니다. 이들은 머리를 맞대고 작전을 짰습니다.

"전투를 유리하게 하려면 바람을 등지고 싸워야 합니다. 그리고 스페인 함대는 짧은 거리에서 포를 쏘아 돛을 깨뜨린 뒤, 쇠갈퀴로 적선을 끌어당겨 배 위에 올라타서 싸우려 들 것입니다. 따라서 우리는 스페인 함대가 가까이 오는 것을 막고 먼 거리에서 적선에 함포 사격을 해야 합니다."

드디어 전투가 시작되었습니다. 경험 많은 노련한 장군들의 작전은 그대로 들어맞았습니다. 잉글랜드 함대가 먼 거리에서 함포 사격을 일제히 퍼붓자, 스페인 함대는 큰 피해를 입었습니다. 수십 척의 군함이 침몰했습니다. 스페인 병사들은 허둥지둥 달아났습니다. 게다가 폭풍까지 불어 닥쳐 무사히 스페인으로 돌아간 배는 53척뿐이었습니다. 잉글랜드 함대는 패배를 모른다는 스페인 함대에게 쓰라린 패배를 안겨 준 것입니다.

스페인 해군은 이 패배로 세력이 크게 꺾였습니다.

그러나 잉글랜드 해군은 점점 힘을 키워 세계의 바다를 지배하게 되었으며, 해외에 많은 식민지를 개척하여 '해가 지지 않는 나라'라 불리게 되었습니다.

모두 엘리자베스 1세가 1600년, 동인도 회사를 세우고 월터 롤리에 의해 북아메리카의 버지니아 식민지를 개척하는 등 그 기틀을 마련했기에 가능한 일이었습니다.

또한 엘리자베스 1세가 다스리던 시대를 '황금 시대'라고 부릅니다. 그것은 셰익스피어, 스펜서, 베이컨 등 뛰어난 문인이 많이 나와 '잉글랜드의 르네상스' 시대를 열었기 때문입니다.

엘리자베스 1세는 문학을 좋아했습니다. 그래서 자주 작가가 직접 읽어 주는 작품을 들었다고 합니다.

　엘리자베스 1세는 연극에 대한 관심도 높았습니다. 궁중에서는 많은 작품이 공연되었으며, 그는 그것을 직접 관람했습니다. '퀸즈맨'이라는 자신의 극단을 창립했을 정도였습니다. 엘리자베스 1세는 특히 셰익스피어의 작품을 좋아했습니다. 무대에 올려지는 그의 작품은 빼놓지 않고 보았으며, 셰익스피어에게 부탁하여 〈윈저의 명랑한 아낙네들〉이라는 작품을 쓰게 했습니다.

　엘리자베스 1세는 45년 동안 잉글랜드를 다스렸습니다. 그리고 1603년 3월 24일 조용히 세상을 떠났습니다.

　그의 유언에 따라 메리 스튜어트의 아들인 스코틀랜드 왕 제임스 6세가 후계자가 되었습니다. 당시의 교황 식스터스 5세는 엘리자베스에 대해 이런 말을 했습니다.

　"여왕 엘리자베스 1세는 연약한 여자일 뿐이다. 그러나 스페인, 프랑스 등 유럽의 모든 나라가 그를 무서워하게 만들었다."

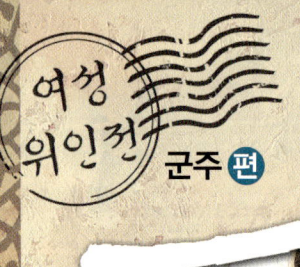

'해가 지지 않는 나라'의 여왕
빅토리아 여왕

1819~1901, 조지 3세의 넷째 아들인 켄트 공작 에드워드의 외동딸로 태어나, 1837년 왕위에 올랐다. 1901년 세상을 떠날 때까지 64년 동안 영국을 다스렸다. 이 시기는 '빅토리아 시대'라고 부를 만큼 영국이 가장 부강했던 황금 시대였다. 아프리카, 오스트레일리아, 캐나다, 인도 등 세계 영토 4분의 1을 차지했으며, 산업 혁명을 이루어 큰 번영을 누렸다. 정치적으로는 선거법을 개정하여 의회 정치가 자리잡게 했으며, 어린이들에게 의무 교육을 실시했다. 13세 때부터 죽는 날까지 일기를 쓴 것으로도 유명하다.

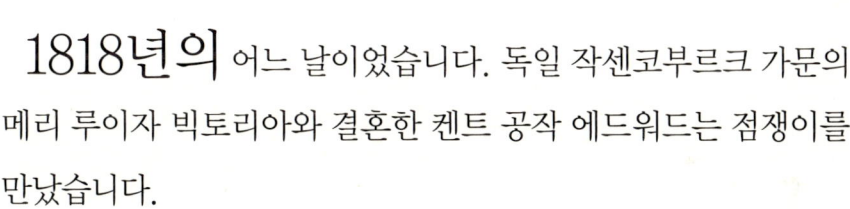

1818년의 어느 날이었습니다. 독일 작센코부르크 가문의 메리 루이자 빅토리아와 결혼한 켄트 공작 에드워드는 점쟁이를 만났습니다.

"나의 앞날이 어떻게 될 것 같소? 운수를 점쳐 주시오."

에드워드가 이렇게 부탁하자, 점쟁이는 점을 쳐 보더니 무겁게 입을 열었습니다.

"운수가 좋지 않군요. 뜻밖의 불행한 일을 겪겠어요. 오래 살지 못하고 일찍 죽을 운세예요."

점쟁이의 말에 에드워드는 이맛살을 찌푸렸습니다. 점괘가 나빠 일찍 죽는다고 하니 마음이 언짢았습니다.

잠시 뒤 점쟁이가 다시 말했습니다.

"명이 짧은 것은 사람의 힘으로 어쩔 수 없지요. 하지만 당신은 안심하고 세상을 떠나셔도 좋을 듯싶습니다. 당신 따님이 왕위를 물려받아 영국의 여왕이 될 테니까요."

에드워드는 어처구니없다는 듯 점쟁이를 바라보았습니다.

'이 양반, 돌팔이 아니야? 내가 영국의 왕자이긴 하지만 어떻게 내 딸이 왕위를 물려받아?'

에드워드가 이런 생각을 하는 것도 무리가 아니었습니다. 에드워드는 영국의 왕, 조지 3세의 아들이었지만 그에게는 왕위를 이을 큰형(뒤에 조지 4세)과 클러랜스 공작, 요크 공작 등의 형들이 있었습니다. 더욱이 자신은 아버지에게 별로 인정을 받지 못해 왕위 계승과는 거리가 있었습니다.

'이 점쟁이 말은 믿을 수 없어. 내가 일찍 죽는다는 예언도 거짓일 거야.'

에드워드는 이렇게 생각하여 점쟁이의 말을 무시해 버렸습니다. 하지만 점쟁이의 예언은 그대로 이루어졌습니다. 에드워드는 1819년 5월 24일 딸 빅토리아를 얻었는데, 그로부터 8개월 뒤 갑자기 폐렴에 걸려 세상을 떠나고 말았습니다.

1820년 조지 4세가 왕위에 오르자, 클러랜스 공작과 요크 공작이 왕위 계승권자가 되었습니다. 조지 4세의 딸 샬럿 공주가 1817년에 죽어 후손이 아무도 없었기 때문입니다. 그 뒤 조지 4세에 이어 클러랜스 공작이 왕위에 올라 윌리엄 4세가 되었습니다. 그런데 1827년 요크 공작이 세상을 떠나, 왕위 계승 서열은 빅토리아가 첫 번째가 되었습니다. 그리하여 1837년 윌리엄 4세가 죽자 빅토리아가 여왕의 자리에 오르게 된 것입니다.

빅토리아는 어린 시절을 켄싱턴 궁에서 어머니와 함께 보냈습니다.

어머니는 몹시 엄한 사람이었습니다. 빅토리아에게는 방도 따로 주지 않고 자기 방에서 재웠으며, 루이즈 레첸이라는 가정교사를 두고 빅토리아를 호되게 교육시켰습니다.

빅토리아는 신문도 마음대로 볼 수 없었습니다. 그가 볼 수 있는 책은 교훈적이고 경건한 내용의 책뿐이었습니다. 그리고 규율을 어기지 말며 낯선 사람과는 눈도 마주치지 말고 음식도 마음대로 먹지 못하게 했습니다.

'아, 나는 자유가 없어. 어머니 그늘에서 벗어나고 싶어.'

빅토리아는 자신의 생활이 답답하기만 했습니다. 아버지가 일찍 돌아가셨기 때문에 그는 더욱 외로움을 탔습니다. 이럴 때 빅토리아에게 아버지 노릇을 해 준 사람은 외삼촌인 레오폴트였습니다. 레오폴트가 1831년 벨기에 국왕이 되어 영국을 떠나자 빅토리아는 또다시 혼자가 되었습니다.

그러나 빅토리아는 19세가 되자 어머니의 그늘에서 벗어날 수 있었습니다. 1837년 6월 20일 새벽, 윌리엄 4세가 세상을 떠나 왕위에 오르게 되었기 때문입니다.

6월 28일, 빅토리아는 대관식에 참석하려고 웨스트민스터 대성당으로 갔습니다. 152센티의 키에 57킬로그램의 몸무게인, 작고 오동통한 빅토리아의 머리에 왕관이 씌워졌습니다.

빅토리아는 여왕이 되었다는 사실이 믿어지지 않았습니다. 그래서 대관식이 끝나자 시종에게 이렇게 말해 보았습니다.

"홍차를 가져오너라."

시종은 여왕의 명령을 충실히 따랐습니다. 곧바로 홍차를 가져다 바친 것입니다. 그러나 빅토리아는 미소만 지을 뿐 홍차를 마시려 하지 않았습니다.

시종은 의아한 눈빛으로 여왕을 쳐다보았습니다.

'여왕님이 왜 홍차를 드시지 않는 거지?'

잠시 뒤 빅토리아가 말했습니다.

"홍차를 치워라. 나는 명령을 내릴 수 있는 여왕이 되었는지 한 번 시험해 본 것이다."

엄한 어머니 밑에서 홍차 한 잔 마음대로 마시지 못한 빅토리아는 이제 온갖 간섭에서 벗어나 자유의 기쁨을 누리게 된 것입니다.

대관식이 열린 날 아침, 런던은 음울한 분위기였습니다. 하늘이 온통 까마귀로 뒤덮여 있었기 때문입니다. 백성들은 까마귀 떼를 보며 수군거렸습니다.

"여왕님이 왕위에 오르는 날, 이게 웬일이지?"

"아무래도 불길한 징조야. 우리나라로서는 이번이 다섯 번째 여왕이잖아. 여왕님이 임금 노릇을 오래 하지 못할 것 같아."

그러나 그것은 쓸데없는 걱정이었습니다.

빅토리아는 1837년 여왕이 되어 1901년 세상을 떠날 때까지 무려 64년 동안 영국을 다스렸습니다.

이 시기는 '빅토리아 시대'라고 부를 만큼 영국이 가장 부강했던 황금 시대였습니다.

또한 영국은 '해가 지지 않는 나라'로 일컬어질 만큼 많은 식민지를 개척했으며, 산업 혁명을 이루어 큰 번영을 누렸습니다.

빅토리아는 13세 때부터 일기를 쓰기 시작하여 죽는 날까지 그 일을 계속했는데, 대관식 날 일기에는 이렇게 적었습니다.

> 하느님은 나를 여왕의 자리에 앉히셨다. 하느님을 실망시키지 않도록 온 힘을 다해 이 나라를 위해 일할 것이다.
> 나는 아직 어려서 부족한 점이 많다. 그렇지만 좀 더 경험을 쌓으면 누구보다 일을 바르고 당차게 해내리라 믿는다.

빅토리아가 여왕이 되면서 가장 가깝게 지낸 사람은 당시 총리 대신이자 휘그당 당수인 멜버른 경이었습니다. 그는 빅토리아 여왕에게 충고를 아끼지 않았고 큰 영향을 미쳤습니다. 빅토리아 여왕은 멜버른 경을 아버지처럼 믿고 따랐으며 그와의 만남이 신나고 즐거웠습니다. 빅토리아가 여왕이 된 뒤의 일기를 보면 멜버른 경이 자주 등장합니다.

……멜버른 경과 이런저런 이야기를 했다. 멜버른 경은 내 소매가 보기 좋다고 했다. 나는 사슴 이야기를 하면서 "먹이를 제때 잘 주면 동물을 잘 길들일 수 있어요." 하고 말했다. 그러자 멜버른 경이 "여왕 폐하는 먹을 것만 잘 주면 무엇이든 잘 길들일 수 있습니다. 사슴이나 염소는 물론, 사람까지도 말입니다." 하고 말하여 배꼽을 잡고 웃었다.

-1838년 9월 2일 일기 중에서

……나는 멜버른 경에게 "결혼에 대해 두려움을 느껴요." 하고 말했다. 그리고 말을 이었다. "나는 지금 내 마음대로 자유롭게 사는 데 익숙해져 있거든요. 누구하고도 결혼하고 싶지 않아요." 그러자 멜버른 경은 "결혼에 대해서는 생각이 여전하시군요." 하고 고개를 절레절레 흔들었다.

-1839년 4월 18일 일기 중에서

1839년 빅토리아 여왕은 21세가 되었습니다. 이제는 짝을 찾아 결혼할 나이였습니다. 하지만 그는 누구하고도 결혼하고 싶지 않았습니다. 결혼에 대해 두려움을 느꼈기 때문입니다.

그러나 빅토리아 여왕은 반년도 못 되어 그 생각을 버리고 결혼을 생각하게 됩니다. 어느 날 갑자기 나타난 외사촌 동생 앨버트 공작에게 첫 눈에 반한 것입니다. 빅토리아 여왕은 10월 11일자 일기에 이렇게 썼습니다.

앨버트는 내 마음을 사로잡았다. 너무너무 아름다웠다. 큰 키, 푸른 눈, 오뚝한 콧날, 멋진 콧수염, 넓은 어깨, 가는 허리……. 보면 볼수록 그에게 빨려들 것 같았다.
10시 30분, 무도회가 열렸다. 그는 춤도 잘 추었다. 춤추는 모습을 보는 것은 무척 즐거웠다. 그 모습조차 아름답고 황홀했다.

빅토리아 여왕은 윈저 궁을 방문한 앨버트를 만난 지 닷새 만에 청혼을 하기에 이르렀습니다. 그날 일기에는 청혼하는 순간의 감격을 이렇게 적고 있습니다.

……12시 30분쯤 나는 사람을 보내 앨버트를 내 방으로 불렀다.
나는 한동안 앨버트와 말없이 앉아 있었다. 그러다가 내가 왜 당신을 불렀는지 아느냐고 물었다. 그리고 나와 결혼해 주면 정말 행복하겠다고 말했다.
이윽고, 우리는 서로 껴안았다. 앨버트는 친절하고 사랑스러웠다. 그에 비하면 나는 얼마나 초라하고 볼품없는가? 이 시간이 내 생애에서 가장 빛나고 행복한 순간이었다.

사랑에 빠진 빅토리아 여왕은 1840년 2월 10일, 앨버트와 결혼식을 올렸습니다.

앨버트는 매력적이며 능력 있는 남자였습니다. '움직이는 백과사전'이라고 불릴 만큼 아는 것도 많았습니다. 건축, 미술, 음악, 기술 등에 조예가 깊었으며, 빅토리아 여왕의 개인 비서 역할을 훌륭히 해냈습니다.

앨버트는 매일 아침 여왕보다 먼저 일어나 여왕이 처리해야 할 정부 문서들을 훑어보고 그 내용을 메모지에 요약했습니다. 그리고 여왕에게 메모지를 건넨 뒤 알기 쉽게 설명을 곁들였습니다. 빅토리아 여왕은 앨버트 덕분에 모든 일을 쉽게 처리할 수 있었습니다.

앨버트가 추진하여 성공한 일은 1851년의 제1회 만국 박람회였습니다. 하이드 공원의 수정궁에서 열린 이 박람회는 11만 2천여 점의 과학 기술 작품이 전시되어 큰 성과를 거두었습니다.

빅토리아 시대에 영국은 공업이 크게 발전했는데, 2만여 킬로미터에 이르는 철로가 전국에 거미줄처럼 놓여 있었기에 가능한 일이었습니다.

처음에 빅토리아 여왕은 열차를 타는 것조차 두려워했습니다. 그런데 앨버트의 권유로 열차를 타본 후 철로 운송이야말로 공업 발전에 없어서는 안 된다는 것을 깨달았습니다.

이때부터 빅토리아 여왕은 총리대신 및 정부 관리들과 협조하여 영국 전역에 철로를 놓는 일에 힘써 공업 발전을 앞당길 수 있었습니다.
　빅토리아 여왕은 앨버트와의 사이에 아홉 명의 자녀를 낳았습니다. 이 가운데 에드워드 8세는 왕위를 물려받고, 큰딸 비키는 프로이센의 왕세자와 결혼하여 뒷날 독일 제국의 황제가 되는 빌헬름 2세를 낳았습니다.

앨버트는 아이들에게는 자상한 아버지였습니다. 아이들과 술래잡기를 하거나 아이들에게 공중 곡예를 보여 주기도 했습니다.

빅토리아 여왕은 결혼해서도 일기장에 날마다 '사랑하는 앨버트'라고 썼습니다. 그리고 평생 뜨겁게 남편을 사랑했습니다. 살면서 두 사람은 부부 싸움을 한 번밖에 하지 않았다고 합니다.

무슨 일 때문인지 앨버트는 화가 나서 자기 방에 들어가 나오지 않았습니다. 방문은 안으로 굳게 잠겨 있었습니다. 빅토리아는 방문을 두드리며 소리쳤습니다.

"이봐요, 방문을 열어 줘요."

앨버트가 물었습니다.

"누구요?"

빅토리아가 대답했습니다.

"여왕이에요."

그러자 앨버트는 아무 반응이 없었습니다.

빅토리아는 더 세게 방문을 두드리며 소리쳤습니다.

"이봐요, 방문을 열어 줘요."

앨버트는 다시 한 번 물었습니다.

"누구요?"

빅토리아가 대답했습니다.

"당신 아내예요."

그제야 방문이 활짝 열렸습니다. 앨버트는 화가 풀려 빅토리아를 힘껏 껴안았습니다.

이처럼 결혼해서도 서로 사랑하며 금슬 좋게 지낸 두 사람이었습니다. 그러나 그 행복은 오래 가지 못했습니다. 1861년 12월, 앨버트가 장티푸스에 걸려 갑자기 세상을 뜬 것입니다. 42세의 아까운 나이였습니다.

빅토리아 여왕은 모든 것을 잃은 듯 큰 슬픔에 잠겼습니다. 그는 벨기에 국왕이 된 외삼촌 레오폴트에게 보낸 편지에서 이렇게 밝히기도 했습니다.

저의 행복은 이제 끝났습니다. 세상이 저를 버렸습니다.

빅토리아 여왕은 남편의 방을 치우지 않고 그대로 두었습니다. 그리고 매일 아침 그 방에 뜨거운 물과 하얀 수건, 다림질한 남편의 옷을 갖다 두었습니다. 이 일은 그가 죽을 때까지 40년 동안 하루도 거르지 않았습니다.

또한 남편이 죽은 12월이 돌아오면 해마다 일기장에 꼭 이렇게 썼습니다.

당신의 죽음은 내게 큰 비극입니다. 당신이 내 곁을 떠나고 나서

내 인생은 부서진 유리 조각처럼 되었습니다.

빅토리아 여왕은 40년 동안 남편을 추모하며 검은 옷만 입고 지냈다고 합니다.

빅토리아 여왕의 통치 46년은 영국의 전성기였습니다. 정치적으로는 선거법이 개정되어 의회 정치가 자리를 잡았으며, 어린이들의 의무 교육을 실시했습니다. 또한 아프리카, 오스트레일리아, 캐나다, 인도 등 세계 영토의 4분의 1을 차지하여 세계에서 가장 잘사는 나라가 되었습니다.

오랜 통치로 백성들에게 존경과 사랑을 받았던 빅토리아 여왕은 1901년, 83세의 나이로 생애를 마쳤습니다.

빅토리아 여왕은 윈저 성 근처에 있는 프로그모어의 영묘에 앨버트 공과 나란히 묻혔습니다. 40년 동안 한시도 잊지 못했던 남편의 곁으로 간 것입니다.

여성 위인전 정치가 편

이스라엘의 어머니

골다 메이어

1898~1978. 러시아 키예프에서 태어나, 1906년 미국 위스콘신 주 밀워키로 이주했다. 밀워키 사범학교를 졸업한 뒤 교사로 일하면서 시온주의 운동을 활발하게 했다. 1921년 팔레스타인으로 이주하여 1928년부터 유대 노동 총연맹에서 일했으며, 이스라엘 건국 후에는 소련 주재 공사, 노동 장관, 외무 장관 등을 지냈다. 그리고 1969년 이스라엘 최초의 여자 수상이 되어 이스라엘의 발전과 중동 평화를 위해 힘썼다.

러시아 키예프에 사는 유대인 목수 모쉐 마보비치는 현관문에 나무판자를 대고 못을 박고 있었습니다.

네 살배기 어린 딸 골다는 언니 세이나와 함께 아버지가 일하는 모습을 바라보고 있었습니다.

"언니, 아빠가 무슨 일을 하는 거야?"

골다는 눈을 동그랗게 뜨고 언니에게 물었습니다.

"골다야, 포그롬이 시작되었단다. 그래서 우리 집을 지키려고 현관문에 판자를 대고 못질을 하는 거야."

"포그롬이 뭐야?"

"포그롬은 러시아말로 '폭동'이란 뜻이야. 요즘 러시아 사람들이 폭도로 변해 유대인 가게와 집들을 습격하고 있단다. 우리 마을에도 포그롬이 일어난다는 소문이 있어 아버지가 현관문을 막고 계신 거야."

1902년 러시아에서는 유대인에 대한 차별과 박해가 심했습니다. 밤이면 러시아 사람들이 떼 지어 몰려다니며 유대인들을 공격했습니다. 몽둥이와 쇠망치로 유대인의 가게와 집들을 마구 때려 부수는가 하면, 유대인들을 두들겨 패거나 목숨을 빼앗기까지 했습니다. 1901년, 1902년 두 해 동안만 해도 러시아에서는 포그롬이 690건이나 일어났습니다.

이처럼 포그롬이 시도 때도 없이 일어나니 유대인들은 밤마다 공포에 떨 수밖에 없었습니다. 골다의 집도 마찬가지였습니다. 아버지가 나무판자로 현관문을 막았다고 해서 안심하고 잠들 수도 없었습니다. 언제 폭도들이 집으로 들이닥칠지 몰라 가족들은 집 안에 꼭꼭 숨어 불안에 떨고 있었습니다.

칠흑같이 어두운 밤이었습니다. 왁자지껄 떠드는 소리가 집 밖에서 들리더니 어지러운 발소리가 현관문 앞에서 멎었습니다. 이윽고 현관문을 마구 두드리는 소리가 들려왔습니다.

"쾅쾅쾅!"

"문 열어! 문을 부숴 버리기 전에 어서!"

고함 소리가 터져 나왔습니다.

잠시 뒤 쇠망치로 현관문을 내리치는 소리가 났습니다. 그러나 나무판자를 대어 놓아 현관문은 부서지지 않았습니다.

"유대인 놈들은 꼴도 보기 싫으니 꺼져 버려!"

"모두 죽여 버려!"

고함 소리와 함께 돌멩이가 날아들었습니다.

"쨍그랑!"

유리창이 깨어져 산산조각이 났습니다.

골다는 공포에 질려 어머니 품속을 파고들었습니다.

"엄마, 무서워!"

"쉬이, 조용히 해라."

가족들은 숨죽인 채 집 안에 웅크리고 있었습니다.

잠시 뒤 바깥이 조용해졌습니다. 폭도들이 다른 유대인의 집으로 옮겨 간 것입니다.

골다는 이날 있었던 일을 평생 잊을 수가 없었습니다. 유대인이라는 이유 하나만으로 그런 박해를 당하는 것이 끔찍하게 싫었습니다.

어느 날, 아버지가 가족들을 모아 놓고 말했습니다.

"나는 목수 일을 하고 있지만 유대인이라서 일거리를 얻기가 쉽지 않구나. 이러다가는 얼마 못 가 굶어 죽겠어. 아니면 러시아 사람들에게 맞아 죽든가……. 나는 러시아에서 더 이상 살고 싶지 않다. 차별을 받으며 사느니 차라리 자유의 나라 미국으로 건너가련다."

아버지는 먼저 미국으로 가서 위스콘신 주 밀워키에 터를 잡고, 3년 뒤인 1906년에 가족들을 불렀습니다. 이리하여 미국에서의 새로운 생활이 시작되었습니다.

아버지는 목수 일을 하고 어머니는 야채 가게를 했습니다. 집안 살림은 여유가 없었지만 유대인에 대한 차별 대우와 박해가 없어 살 만했습니다.

골다는 학교에 들어갔습니다. 학교 생활은 매우 즐거웠습니다. 열심히 공부하면서 여러 친구들을 사귀었습니다.

열한 살 때 골다는 자기보다 가난한 친구들이 많다는 것을 알았습니다. 그 친구들은 돈이 없어 교과서를 마련 못해 빈손으로 학교에 올 정도였습니다.

골다는 이 친구들을 돕기로 했습니다. '미국 여학생 협회'를 만들어 자선 무도회를 열고 많은 사람들 앞에서 연설을 했습니다.

"우리 주위에는 교과서를 사지 못해 공부를 못 하는 친구들이 있습니다. 이런 친구들을 버려 둔 채 나 혼자 공부한다면 그 공부가 무슨 의미가 있겠습니까? 우리는 모두 힘을 합쳐 친구들을 도와야 합니다."

난생 처음 해 본 연설이었습니다. 하지만 골다의 연설은 사람들의 마음을 움직였습니다. 너도 나도 돈을 내놓아 친구들에게 교과서를 사주고도 남을 만큼의 돈이 모아졌습니다.

중학교를 졸업한 골다는 고등학교에 진학하려고 했습니다. 하지만 부모님은 진학을 반대했습니다.

"여자가 공부는 더 해서 뭐 하니? 야채 가게 일을 돕다가 시집이나 가렴. 네 신랑감을 구해 놓았으니까."

골다는 하마터면 기절할 뻔했습니다. 이제 겨우 열다섯 살인 골다를 위해 구해 놓은 신랑감이 서른 살이 넘은 노총각이었던 것입니다.

'맙소사! 나보다 나이가 곱절이나 많은 남자에게 시집을 가라고? 나는 이런 결혼 절대 못 해.'

골다는 집에서 뛰쳐나와 콜로라도 주 덴버로 갔습니다. 덴버에는 언니 세이나가 남편과 살고 있었습니다. 골다는 언니의 집에서 세탁소 일을 도우며 고등학교에 다녔습니다.

덴버에는 유대인 결핵 요양소가 있었습니다. 유대인 결핵 요양소에는 환자들로 이루어진 모임이 있었습니다. 이 모임의 회원들은 대부분 팔레스타인에 유대인 나라를 세우자고 주장하는 시온주의자들이었습니다. '시온'은 구약 성서에 나오는 지명으로, 고대 예루살렘에 있던 두 개의 언덕 가운데 동쪽에 있던 지역을 말합니다. 그러나 이 말은 예루살렘을 가리키는 말로도 사용되어, '시온주의'라고 하면 유대인이 예루살렘, 즉 팔레스타인에 유대인 나라를 세우자고 벌인 민족주의 운동을 말합니다.

기원전 70년경 이스라엘이 로마 제국의 손아귀에 들어가고 나서, 유대인들은 팔레스타인을 떠나 세계 각지로 흩어져 살았습니다. 그리고 팔레스타인 지역은 7세기 후반부터 이슬람 세력이 들어와 아랍 땅이 되었습니다.

2천 년을 나라 없이 떠돌아다니며 살았던 유대인들 사이에서는 19세기 후반부터 자신들의 고향인 팔레스타인으로 돌아가자는 운동이 시작되었습니다. 이 사람들이 시온주의자들로, 맨 처음 이 운동을 벌인 것은 19세기에 러시아에서 심한 박해를 받은 유대인들이었습니다. 그 당시 포그롬을 피해 3만5천여 명의 유대인들이 팔레스타인으로 옮겨가 살았습니다. 그리고 그 이후에도 1914년까지 4만여 명의 유대인들이 러시아에서 팔레스타인으로 갔습니다. 그렇게 해서 이들이 팔레스타인에 만든 것이 유대인 집단 농장인 키부츠입니다. 키부츠에서는 모든 사람들이 공동 생활을 했습니다. 공동으로 농사를 짓고 모든 재산도 공동 소유였습니다. 식사도 공동 식당에서 했으며, 자녀들도 공동 자식으로 삼아 18세까지 부모와 떨어져 살았습니다.

덴버의 시온주의자들은 골다의 언니 집에서 모임을 가졌습니다. 골다는 자연스럽게 이 모임에 참여하게 되었고, 어느새 열렬한 시온주의자가 되었습니다.

골다는 언니에게 간섭받는 것이 싫어 1년 만에 언니의 집에서 뛰쳐나왔습니다. 그리고 학교도 그만두고 백화점에서 일하며 혼자 살았습니다.

골다는 이 무렵 모리스 마이어슨이라는 사람을 만났습니다. 그는 골다처럼 러시아에서 온 유대인으로, 간판 일을 하고 있었습니다. 그는 적극적이고 활동적인 골다와 달리 조용하고 내성적인 청년으로, 음악과 문학을 좋아했습니다.

어느 날, 골다의 부모님은 골다를 불러 말했습니다.

"혼자서 고생하며 살지 말고 집으로 돌아오렴. 네가 원하는대로 학교도 보내 줄게."

골다는 부모님의 권유를 받아들여 집으로 돌아왔습니다. 그리고 다시 고등학교에 들어가 2년 만에 학교를 졸업하고 밀워키 사범학교에 입학했습니다.

골다는 이때부터 시온주의 운동에 발 벗고 나섰습니다. 벤츠비, 벤구리온 등의 시온주의 운동 지도자들과 시온노동당에서 활동하며 늘 이렇게 다짐했습니다.

'나도 언젠가는 팔레스타인으로 가서 유대인 나라를 세울 거야.'

밀워키 사범학교를 졸업한 골다는 시온노동당에서 설립한 민족 학교에서 히브리어를 가르치는 교사가 되었습니다. 골다는 교사로 일하면서 시온주의 운동도 활발하게 했습니다. 골다가 맡은 일은 팔레스타인 이주민을 위한 모금 운동이었습니다. 그는 거리로 나가 시민들을 모아 놓고 연설도 했습니다.

골다의 아버지는 골다의 정치 운동을 반대했습니다. 골다가 거리에서 연설까지 한다는 것을 누군가에게 전해 듣고는 화가 나서 소리쳤습니다.

"골다, 너 또 그런 일에 나설래? 네가 연설하는 곳마다 찾아다니며 남들이 보는 앞에서 머리채를 끌고 집으로 데려올 테니 그리 알아!"

골다는 아버지의 협박을 받고도 시온주의 운동을 그만두지 않았습니다. 여전히 거리 연설에도 나섰습니다.

하지만 연설을 하기 전에 친구에게 이런 부탁을 했습니다.

"내가 연설을 할 때 아버지가 오시면 내게 알려 줘."

골다는 아버지의 성격을 잘 알았습니다. 아버지는 한다면 꼭 하는 분이었습니다. 그래서 자신의 연설 장소에 아버지가 꼭 나타나리라는 것을 믿어 의심치 않았습니다.

골다는 비누상자 위에 올라가 연설을 시작했습니다.

"유대인이 팔레스타인을 떠나 세계 각지로 흩어져 살아온 지 2천 년이 지났습니다. 하지만 우리는 여전히 다른 나라 사람들로부터 심한 차별과 탄압을 받으며 살아가고 있습니다.

저는 러시아에서 미국으로 이주해 왔습니다. 러시아에서는 지금도 수많은 우리 동포들이 유대인이라는 이유로 매를 맞고 죽어가고 있습니다. 우리가 이런 수난으로부터 벗어나려면 고향 팔레스타인으로 돌아가 우리 손으로 나라를 세워야 합니다. 유대인이 모여 사는 유대인을 위한 나라, 젖과 꿀이 흐르는 오아시스를 사막에 세워야 합니다."

골다의 연설이 끝나자 그 자리에 모여든 시민들은 골다에게 뜨거운 박수를 보냈습니다.

'웬일이지? 아버지가 안 오셨네.'

골다는 고개를 갸웃하고 집으로 돌아갔습니다.

어머니가 대문 밖에서 골다를 기다리고 있었습니다.

"아버지는 조금 전에 돌아와 잠자리에 드셨다. 거리에서 네 연설을 들으셨대. 연설 내용이 어찌나 감동적이었는지 넋이 빠져 네게 한 협박을 까맣게 잊으셨다는구나. 너무나 감격해서 눈물도 흘렸고……."

그 뒤부터 아버지는 골다가 하는 일에 절대 반대하지 않았습니다. 골다는 1975년 출간한 〈나의 인생〉이라는 자서전에서 이때의 일을 회상하며 이렇게 말했습니다.

> 그 일이 있고부터 아버지는 나의 정치 활동에 전혀 간섭하지 않으셨다. 이제 와서 생각해 보니 그 날의 연설은 내가 평생 한 연설 중에서 가장 성공적인 연설이었다.

골다와 모리스는 성격이 전혀 달랐지만 서로를 깊이 사랑했습니다. 그래서 1917년 12월 24일, 결혼식을 올렸습니다.

"4년 안에 반드시 팔레스타인으로 가서 함께 살아야 해요."

모리스가 청혼했을 때 골다는 이렇게 결혼 조건을 내세웠습니다. 그에 따라 두 사람은 4년 뒤인 1921년 5월 23일, 팔레스타인에 가기 위해 뉴욕 항을 떠나는 배에 몸을 실었습니다. 그런데 배 안에서 선원들이 파업을 일으켜 44일이 걸려서야 팔레스타인에 도착했습니다.

골다는 희망에 부풀어 있었습니다. 1917년 발표된 '밸푸어 선언'으로 팔레스타인에 유대인의 나라를 세우는 데 한걸음 다가섰기 때문입니다.

뒷날 이스라엘의 초대 대통령이 되는 바이츠만은 제1차 세계 대전 중에 영국이 팔레스타인을 점령하자 영국 정부를 설득했습니다. 그래서 유대인이 자기들의 나라를 세우는 것을 지지한다는 선언문을 발표하게 했습니다. 이것이 '밸푸어 선언'입니다.

'1920년부터 영국이 팔레스타인을 위임 통치하고 있으니, 이제 유대인 나라를 세울 날이 멀지 않았어.'

골다는 기대감에 젖어 텔아비브에서 짐을 풀었습니다.

그러나 팔레스타인은 '약속의 땅'이 아니었습니다. 광활한 모래벌판과 살인적인 무더위, 시도 때도 없이 부는 모래바람이 기다리고 있었습니다. 또한 전기나 수도도 없고 모든 것이 불결했습니다.

골다도 처음에는 많이 놀랐지만 절망하지 않았습니다.

'이제부터 시작이야. 사막을 옥토로 만들고, 사람이 살 만한 곳으로 바꾸어 놓으면 되잖아.'

골다는 이렇게 다짐하며 메르하비아 키부츠에 들어갔습니다. 이 키부츠는 에메크 지방에 있는 키부츠들 가운데 하나였습니다. 한 키부츠에는 적게는 수십 명에서, 많게는 2천 명의 사람들이 있었습니다.

메르하비아 키부츠는 여자 8명, 남자 24명인 작은 키부츠였습니다. 골다와 모리스는 부부여서 한 방을 썼지만 그곳 생활은 만만치 않았습니다. 아침부터 저녁까지 고된 노동을 해야 하고, 먹을 것이 없어 죽이나 소금에 절인 생선으로 끼니를 때울 때도 많았습니다. 게다가 말라리아, 콜레라 등 풍토병에 걸릴 위험도 있었습니다.

그러나 골다는 키부츠에서의 생활이 힘든 줄을 몰랐습니다. 자신이 오랫동안 꿈꾸던 땅에 와서 살기 때문입니다. 골다는 꾀 한 번 부리지 않고 언제나 즐겁게 일했습니다.

하지만 모리스는 달랐습니다. 몸이 약했던 그는 고된 노동을 힘겨워했고, 성격이 소극적이어서 공동 생활에 적응을 못했습니다. 하루하루가 괴롭고 힘들어 우울증에 빠질 지경이었습니다.

그러던 어느 날, 모리스는 말라리아에 걸리고 말았습니다. 그의 온몸은 불덩어리 같았습니다. 그는 앓는 소리를 내며 말했습니다.

"골다, 난 이제 더 이상 못 견디겠어. 당신이 떠나기 싫다면 나

혼자서라도 미국으로 돌아갈 거야. 하지만 당신이 나와 함께 여기서 나간다면 팔레스타인 땅에 머물겠어."

골다는 키부츠가 좋았지만 남편과 헤어지고 싶지 않았습니다. 그래서 남편의 병이 낫는 대로 키부츠를 떠나 텔아비브로 왔다가 예루살렘으로 갔습니다.

골다는 예루살렘에서 1924년에는 아들 메나헴, 그리고 2년 뒤에는 딸 사라를 낳았습니다. 그는 아이들을 키우며 4년을 꼬박 가정 주부로 살았습니다. 골다는 자서전에서 이 시절을 이렇게 회상했습니다.

> 유대인의 나라를 세우는 일에 힘써야 할 내가 예루살렘의 비좁은 아파트에 갇혀, 남편의 쥐꼬리만한 월급으로 어떻게 살아야 할지만 걱정하고 있었다. 그 시절은 내 인생에서 가장 비참한 시기였다.

1928년 골다는 일자리를 찾았습니다. 유대 노동 총연맹(히스타드루트) 여성 노동위원회 서기가 된 것입니다.

유대 노동 총연맹은 이스라엘에서 독립 정부가 생기기 전에 가장 큰 유대인 단체였습니다. 유대인의 팔레스타인 이주를 돕는 일을 비롯하여 유대인 노동자들의 취업, 교육, 의료 지원 등 여러

가지 일을 했습니다. 특히 골다가 소속된 여성 노동위원회에서는 유대 여성들의 이주 사업, 직업 훈련 등을 맡았습니다.

골다는 미국에서 살았기 때문에 영어를 잘하고 말솜씨가 뛰어났습니다. 그래서 여성 노동위원회 대표로서 국제 회의에 나가거나 외국의 여성 단체와 접촉하는 일을 맡았습니다.

골다는 일 때문에 자주 집을 비워야 했습니다. 어떤 때는 외국 출장을 가서 한두 달 만에 집에 오기도 했습니다.

모리스는 바깥 일만 하는 아내가 못마땅했습니다. 그래서 하루는 골다에게 이렇게 요구했습니다.

"언제까지 그렇게 살 거야? 바깥일을 그만두고 집안일만 해. 제발 부탁이야."

그러나 골다는 고개를 내저었습니다.

"그렇게는 못 해요. 내가 팔레스타인에 온 것은 일을 하기 위해서였어요. 유대인의 나라를 세우는 일 말이에요."

결국 골다는 남편과 헤어졌습니다. 1941년의 일이었습니다.

골다는 점점 바빠졌습니다. 유대 노동 총연맹 집행위원회 위원이 되어 해외에 있는 유대인들을 구하는 일에 나섰습니다.

1939년 제2차 세계 대전이 일어난 뒤, 독일의 히틀러는 유대인들을 붙잡아 수용소에 집어넣었습니다. 그리고 전쟁이 끝날 때까지 600만 명이나 되는 유대인을 학살했습니다.

골다는 유럽에서 탈출한 유대인들을 팔레스타인으로 무사히 대피시키는 일을 했습니다. 유대인들을 실은 배가 팔레스타인에 도착하면, 그는 영국 순시선의 경비를 피해 유대인들을 배에서 내려 안전한 곳으로 데려갔습니다. 그가 비밀리에 이런 일을 한 것은 1939년부터 5년 동안 영국이 팔레스타인의 유대인 이민을 금했기 때문입니다.

유대인들은 제2차 세계 대전 중에 연합군 편에 서서 나치 독일과 싸웠습니다. 그리하여 골다는 유대인 지원병을 모집하여 영국군에 보내는 일을 하기도 했습니다.

1945년 제2차 세계 대전이 끝났습니다. 그러나 수용소에서 살아남은 유대인들은 모두 석방되지 않았습니다. 영국이 운영하는 사이프러스 난민 수용소의 경우, 한 달에 겨우 750명을 석방해 팔레스타인으로 보내 주었습니다. 그것도 수용소에 들어온 순서에 따라 그렇게 했습니다.

"수용소에는 양식과 물이 부족해 어린이들이 가장 위험합니다. 굶주림과 병마에 시달리며 죽어가고 있습니다."

골다는 사이프러스 난민 수용소의 실태를 직원에게 보고받았습니다. 그러고는 이렇게 말했습니다.

"그렇다면 어린이들부터 석방해야지요. 수용소 당국에 그렇게 요청했습니까?"

"예. 하지만 수용소 당국은 석방 인원을 더 늘릴 수 없답니다. 한 달에 750명으로 못박아 놓고, 수용소에 들어온 순서에 따라 석방하겠다는 거예요. 만약에 어린이들과 그 가족을 먼저 석방하고 싶으면 수용소에 있는 사람들에게 양보를 받으래요."

골다는 이 일을 해결하려고 직접 사이프러스 난민 수용소에 갔습니다.

"어린이들과 그 가족을 먼저 석방해야 합니다. 여러분이 양보

해 주십시오."

골다는 수용소에 있는 유대인들을 만나 이렇게 사정했습니다. 그러나 그들은 들은 척도 하지 않았습니다. 수용소에서 몇 년 동안 죽을 고비를 여러 번 넘기고 간신히 살아남은 사람들이었습니다. 수용소 안에서는 영국 정부가 유대인들의 석방을 중단할지도 모른다는 소문까지 돌고 있었습니다. 그러므로 그들이 골다의 제의를 받아들이지 않는 것은 당연한 일이었습니다.

설득에 실패한 골다는 수용소에 있는 모든 유대인을 강당에 불러 모아 이렇게 말했습니다.

"여러분에게 마지막으로 들려주고 싶은 이야기가 있습니다. 팔레스타인의 10대 소년들에 대한 이야기입니다. 저는 전쟁이 끝나기 전에 이들과 함께 배를 타고 몰래 들어오는 동포들을 안전하게 대피시키는 일을 했습니다. 우리는 영국 순시선이나 해안가를 지키는 영국 병사들을 피해 이 일을 했지요. 하지만 영국 병사들에게 발각되는 경우도 적지 않았습니다. 그때 소년들은 어떻게 했는지 아십니까? 동포들을 배에서 내리게 하려고 영국군의 총알이 빗발치는 가운데 용감하게 바다 속으로 뛰어들었습니다. 그리고 많은 소년들이 총에 맞아 죽어갔습니다······."

골다는 여기까지 말하고 더 이상 말을 잇지 못했습니다. 눈물이 솟고 감정이 북받쳤기 때문입니다. 골다는 연설을 중도에 그만두고 강당에서 나왔습니다.

그런데 얼마 뒤, 몇 사람이 강당에서 나왔습니다. 그들은 골다에게 말했습니다.

"어린이와 그 가족들을 먼저 석방하는 문제를 투표로 결정했습니다. 모두가 찬성했습니다."

순간, 골다는 감격하여 눈물을 흘렸습니다.

"고맙습니다. 여러분, 너무너무 고맙습니다."

골다는 허리를 굽혀 인사했습니다.

그런데 그때 아이들이 뛰어나와 골다를 에워쌌습니다. 아이들은 환하게 웃으며 골다에게 무엇인가를 내밀었습니다. 아이들의 손에는 예쁘게 접은 종이꽃이 쥐어져 있었습니다. 골다는 종이꽃을 받아 들고 햇살처럼 밝게 웃었습니다.

1947년 영국은 팔레스타인에서 철수하기로 하고 팔레스타인 문제를 유엔에 떠넘겼습니다. 유엔은 팔레스타인 문제를 해결하려고 열한 개 나라로 팔레스타인 특별위원회를 구성했습니다. 그리하여 다음과 같은 안건을 내놓았습니다.

팔레스타인에 유대인 나라와 아랍인 나라를 각각 세운다. 그리고 예루살렘은 국제 도시로 만든다.

이 안건은 11월 29일 유엔 총회의 승인을 받아 그대로 채택되었습니다. 드디어 꿈에도 그리던 유대인 나라를 세울 수 있게 된 것입니다. 그러나 아랍인들은 분노를 느꼈습니다.

"팔레스타인은 2천 년 동안 조상 대대로 살아온 우리 땅이야. 그런데 왜 저희들 마음대로 이 땅에 나라를 세우겠다는 거야? 도저히 받아들일 수 없어."

성난 아랍인들은 유대인들에게 분풀이를 했습니다. 예루살렘, 텔아비브 등에서 유대인 여덟 명을 죽였습니다.

그러나 그것은 시작에 불과했습니다. 아랍인들은 아랍 연맹을 만들어 전쟁 준비에 들어갔습니다. 영국군이 팔레스타인에서 철수하면 유대인들을 공격하여 전멸시키겠다는 것이었습니다.

이제 아랍인들과의 전쟁은 피할 수 없게 되었습니다. 하지만 유대인들에게는 무기가 없었습니다. 무기를 사들이려면 어마어마한 돈이 필요한데 미국의 유대인들은 많은 돈을 내놓으려 하지 않았습니다.

이때 골다가 나섰습니다. 그는 미국으로 건너가 '유대인 연맹 회의'가 열리는 뉴욕에서 이렇게 연설했습니다.

지난 전쟁에서 우리 유대인은 600만 명이나 학살당했습니다. 지금 팔레스타인에는 70만 명이 살지만, 수백 명이 이미 아랍인의 손에 죽었습니다. 앞으로 이 테러는 계속될 것이고, 수많은 동포들이 희생당할 것입니다.

왜 우리는 이런 비극을 겪어야 할까요? 그것은 우리에게 조국이 없기 때문입니다. 이제 몇 달 뒤에는 팔레스타인에 우리 유대인 나라가 세워집니다. 바로 저와 여러분의 조국입니다.

우리는 지금 이 조국을 지켜야 합니다. 조국을 지키기 위해 우리는 죽을 각오가 되어 있습니다. 우리는 곧 전쟁을 해야 하고 무기가 필요합니다.

전쟁은 여러분이 하지 않습니다. 팔레스타인에 있는 여러분의 형제들이 합니다. 이 전쟁에서 우리는 승리하겠습니까, 패배하겠습니까? 그 결정은 여러분이 내려 주십시오.

회의장 안은 숙연해졌습니다. 골다가 연설을 끝내자 우레와 같은 박수 소리가 터졌습니다.

골다는 미국 각지를 돌아다니며 모금 연설을 했습니다. 그의 연설은 유대인들을 감동시켰고 가는 곳마다 기부금이 쏟아졌습니다. 석 달 동안 거두어들인 돈이 무려 5천만 달러였습니다.

골다가 팔레스타인으로 돌아오자 벤구리온이 말했습니다.

"훗날 역사가는 이런 말을 할 것입니다. '나라를 위기에서 건질 돈을 거두어들인 위대한 유대 여인이 있었다.'라고요."

1948년 5월 14일, 텔아비브의 박물관에는 유대인 지도자들이 모여들었습니다. 이들은 건국 선서에 사인하고 이스라엘 건국을 선포했습니다.

　골다는 37명 대표의 한 사람으로서 건국 선서에 사인하며 눈물을 펑펑 흘렸습니다.

"왜 우십니까?"

누군가 묻자 골다가 대답했습니다.

"이 자리에 같이 있지 못하고 먼저 떠난 동포들을 생각하니 가슴이 아파서입니다."

골다는 이 날의 감격을 자서전에 담았습니다.

　아, 이스라엘! 우리는 마침내 유대인 나라를 세웠다. 우리 힘으로 해낸 것이다. 나는 감격하여 눈물을 계속 흘렸다. 우리는 드디어 조국을 부활시켰다. 오랜 유랑 생활을 끝내고 조상들의 땅에서 떳떳하게 살게 된 것이다.

　20세기에 들어와 우리는 꿈을 현실로 만들었다. 대학살로 많은 동포들을 잃었지만, 미래의 후손들을 위해 좋은 터전을 마련한 것이다.

　골다는 자기 이름을 '골다 마이어슨'에서 '골다 메이어'로 바꾸었습니다. 민족을 사랑하는 마음으로 히브리식 이름을 가진 것입니다. 메이어는 히브리말로 '빛을 비춘다'는 뜻이었습니다.

이스라엘 건국 다음 날, 아랍 연맹은 군대를 동원하여 이스라엘로 쳐들어왔습니다. 북쪽은 시리아와 레바논, 동쪽은 이라크와 요르단, 남쪽은 이집트가 공격해 왔습니다.

그러나 이스라엘은 만반의 태세를 갖추고 있었습니다. 사방에서 쳐들어오는 아랍군을 모조리 쳐부순 것이었습니다. 이스라엘군의 첫 번째 승리였습니다.

1948년 소련 주재 공사로 공직 생활을 시작한 골다 메이어는 노동 장관, 외무 장관 등을 지냈습니다. 그리고 1969년 3월에는 이스라엘 4대 수상이 되었습니다. 72세의 나이로 이스라엘 최초의 여자 수상이 된 것입니다.

골다 메이어는 5년 동안 수상으로 일하며 이스라엘 발전과 중동 평화를 위해 힘썼습니다.

1973년 10월, 중동전쟁이 일어났을 때는 아랍군을 완전히 패배시키지 않고 휴전 협정을 맺었습니다. 그러자 이스라엘 사람들은 분노했습니다.

"아랍군의 기습 공격으로 시작된 전쟁이야. 왜 도망치는 적군을 쫓지 않고 휴전 협정을 맺는 거야?"

"골다 메이어는 배신자야. 조국을 배신했어."

골다 메이어는 배신자라고 손가락질 받아도 단호하게 말했습니다.
"아랍군을 무찌른다고 해서 중동에 평화가 찾아오지는 않습니다. 아랍군은 이를 갈며 복수를 다짐할 테고, 또 다른 전쟁이 일어날 것입니다. 이스라엘이 이루어야 할 것은 전쟁의 승리가 아니라 평화입니다."

골다 메이어의 이런 평화주의 노선 덕분에 이스라엘과 아랍 사이의 단계는 점차 좋아지게 되었습니다. 그리하여 1979년 3월에는 이스라엘과 이집트 사이에 평화 조약이 맺어졌습니다. 골다 메이어가 세상을 떠난 지 석 달 뒤였습니다.

　골다 메이어는 12년 동안 백혈병을 앓다가 1978년 12월 8일 조용히 숨을 거두었습니다. 그러나 그의 병명이 밝혀진 것은 그가 죽고 나서였습니다.

　이스라엘 사람들은 골다 메이어를 '이스라엘의 어머니', '건국의 어머니'라고 부르며, 역사상 가장 훌륭한 여성의 한 사람으로 손꼽고 있습니다.

여성 위인전 정치가 편

영국 최초의 여자 수상
마거릿 대처

1925~ , 영국 그랜덤에서 식료품 가게 주인의 딸로 태어나 옥스퍼드 대학을 졸업했으며, 1959년 보수당 후보로 하원 의원에 당선되었다. 1961년 보수당 정부의 정무 차관을 거쳐 주요 장관을 역임한 뒤 1975년 보수당 당수로 선출되고, 1979년 총선의 승리로 영국 최초의 여자 수상이 되었다. 집권 후 과감한 정책과 긴축 재정을 실시하여 침체에 빠진 영국 경제를 살렸으며 1982년 포클랜드 전쟁의 승리로 국민들에게 큰 인기를 얻었다. 그 결과 1983년과 1987년 총선에도 승리하여 영국 역사상 가장 오랫동안 집권한 수상이 되었다.

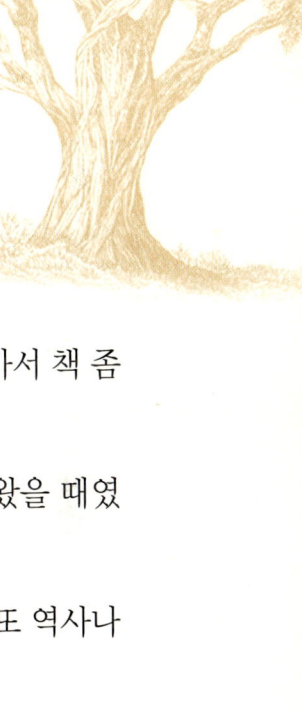

"마거릿, 심부름 좀 해 주겠니? 시립 도서관에 가서 책 좀 빌려다 주렴."

토요일 오후, 마거릿이 학교 수업을 마치고 집으로 왔을 때였습니다. 아버지는 마거릿에게 이런 부탁을 했습니다.

"알겠어요. 어떤 책을 빌려다 드릴까요? 지난번처럼 또 역사나 생물에 대한 책인가요?"

"그래. 이 책들을 빌려다 주렴."

아버지는 마거릿에게 종이쪽지를 내밀었습니다. 거기에는 책 제목이 여러 개 적혀 있었습니다.

그때 가게 일을 보던 어머니가 집 안으로 들어왔습니다.

"마거릿, 내가 읽을 책도 빌려 오겠니?"

어머니도 마거릿에게 책 제목이 적힌 종이쪽지를 건네었습니다. 어머니가 즐겨 읽는 책은 주로 소설책이었습니다.

"그럼 다녀오겠습니다."

마거릿은 부모님에게 인사를 하고 밖으로 뛰어나갔습니다. 그는 콧노래를 부르며 도서관을 향해 걸어갔습니다.

'나는 일주일 중에 토요일이 가장 즐거워. 도서관에 책 심부름을 가서 내가 좋아하는 책을 실컷 읽을 수 있으니까.'

마거릿의 아버지 알프레드 로버츠와 어머니 베아트리스는 책 읽기를 좋아했습니다. 그래서 토요일만 되면 딸 마거릿을 도서관으로 보내 책을 빌려오게 했습니다. 직접 가지 않고 마거릿을 심부름 보내는 것은 낮에는 가게 일이 바쁘기 때문입니다.

알프레드는 영국의 그랜덤 시에서 아내와 식료품 가게를 하고 있었습니다. 그랜덤 시는 런던에서 한참 떨어진 작은 시골 도시이지만 장사가 제법 잘 되었습니다. 알프레드가 워낙 성실하고 부지런한데다 손님들을 친절하게 대하기 때문입니다.

알프레드는 가난한 구두 수선공의 아들로 태어나 13세에 학교를 그만두었습니다. 그러다 보니 배움에 대한 갈증이 커서, 가게가 자리 잡힌 뒤에는 밤마다 열심히 책을 읽었습니다.

알프레드는 마거릿이 도서관에서 책을 빌려 오면 그 책을 마거릿에게도 읽혔습니다. 그러고는 그 내용을 가지고 자주 토론을 벌였습니다. 마거릿은 이런 아버지 덕에 어려서부터 많은 책을 읽고 지식을 쌓을 수 있었습니다.

알프레드는 정치에도 관심이 높아, 나중에는 그랜덤 시 의회 의원과 그랜덤 시 부시장을 거쳐 시장이 되었습니다.

마거릿이 열한 살 때의 일입니다.

아버지는 가족들이 있는 자리에서 말했습니다.

"이번 총선에는 우리 고장에 출마한 빅터 워렌더 후보를 돕기로 했다. 그러니 우리 가족 모두가 선거 운동을 해야 한다."

어린 마거릿에게도 임무가 주어졌습니다. 선거 운동원들이 마을을 돌아다니며 빅터 워렌더 후보의 지지율을 조사해서 알려 주면 마거릿이 그 결과를 후보 선거 본부에 전하는 것이었습니다.

마거릿은 마을과 선거 본부를 쉬지 않고 오고 갔습니다. 선거 운동원들은 마거릿의 이런 모습을 보고 모두 감탄했습니다.

"어쩌면 저렇게 부지런할까. 꾀 한 번 부리지 않고 맡은 일을 성실하게 하니 말이야."

"대단한 아이야. 어려서 저 정도라면 이다음에 커서는 큰일을 하겠어."

마거릿은 또래와는 달리 어려서 일찍 정치에 눈을 떴습니다. 아버지가 마거릿에게 곧잘 이런 심부름을 시켰기 때문입니다.

"마거릿, 그랜덤 시 의회 의사당에 좀 다녀오너라. 오늘 런던에서 유명한 정치가가 와서 연설을 하기로 했거든. 나는 가게 일이 바빠서 못 가니 네가 대신 가서 연설을 듣고 그 내용을 알려 주려무나."

"알았어요, 아버지."

마거릿이 연설을 듣고 오면 아버지는 다급하게 물었습니다.

"연설은 잘 들었니? 그래, 무슨 내용이니?"

"예, 그 정치가가 이런 연설을 했어요……."

마거릿은 메모지에 받아 적은 내용을 아버지에게 들려주었습니다. 이렇게 해서 마거릿은 자연스럽게 정치에 관심을 갖게 되었습니다. 선거는 어떻게 하고 정치가가 하는 일은 무엇인지 아버지를 통해 배울 수 있었습니다. 마거릿이 뒷날 정치가의 길로 들어서 영국 최초의 여자 수상이 될 수 있었던 것은 어린 시절 아버지로부터 받은 영향 때문입니다.

마거릿은 영국 수상이 되고 나서 기자들에게 말했습니다.

"모두 다 아버지 덕분입니다. 아버지는 저를 늘 올바르게 이끌어 주셨고 확고한 신념을 심어 주셨습니다. 제가 이번 선거에서 승리한 것은 아버지 덕분입니다. 그리고 선거에서 제가 국민 여러분께 호소한 것은 모두 어린 시절 아버지가 저에게 일러 주신 내용입니다."

아버지는 어릴 적에 마거릿에게 늘 이런 말을 했습니다.

"네가 할 일은 스스로 알아서 결정해라. 그리고 그 일을 시작하면 끝까지 해내야 한다."

마거릿은 아홉 살 때 그랜덤 시에서 열린 시 낭송 대회에서 일

등을 했습니다. 교장 선생님은 마거릿에게 축하 인사를 하며 이렇게 덧붙였습니다.

"넌 참 운이 좋은 아이로구나."

그러자 마거릿은 눈을 치켜뜨고 말했습니다.

"교장 선생님, 저는 운이 좋아서 상을 받은 것이 아닙니다. 남들보다 열심히 했고 받을 자격이 되어 상을 받은 것입니다."

마거릿 대처

마거릿은 아버지에게 배운 대로 무슨 일이든 성실하게 했습니다. 그래서 자신이 거둔 성과에 대해서는 언제나 당당할 수 있었습니다.

마거릿은 케스티븐 초등학교를 거쳐 그랜덤 여학교를 졸업하게 되었습니다.

"교장 선생님, 저는 옥스퍼드 대학에 진학하겠습니다."

마거릿은 교장 선생님에게 자신의 뜻을 밝혔습니다. 그러자 교장 선생님은 손을 내저으며 말했습니다.

"마거릿, 우리 학교 학생들은 옥스퍼드 대학에 지원할 수 없단다. 입학 시험 과목에 라틴어가 있는데, 우리 학교에서는 라틴어를 가르치지 않아. 라틴어를 모르는데 어떻게 입학 시험에 합격하겠니?"

"그럼 라틴어 공부를 해서 입학 시험을 보겠어요."

"글쎄, 그게 금방 될까? 입학 시험에 합격할 정도가 되려면 라틴어를 4년쯤 배워야 할 텐데. 마거릿, 그러지 말고 다른 대학에 가거라."

"아닙니다, 교장 선생님. 저는 꼭 옥스퍼드 대학에 가겠어요."

마거릿은 고집을 부렸습니다.

아버지는 마거릿의 뜻을 존중해 주었습니다.

"네 뜻이 좋구나. 마거릿, 목표를 정했으면 포기하지 말고 끝까지 해내야지."

아버지는 마거릿을 위해 과외 교사를 붙여 주었습니다. 마거릿은 과외 교사에게 라틴어를 배우며 머리를 싸매고 공부했습니다. 그리하여 4년이나 걸린다는 라틴어를 1년 만에 다 익혀 옥스퍼드 대학 서머빌 칼리지에 거뜬히 합격했습니다.

마거릿의 전공은 화학이었습니다. 마거릿은 화학 공부를 열심히 하며 서클 활동도 했습니다. '보수파 학생 클럽(OUCA)'에 들어갔는데 서기, 회계 등을 거쳐 회장이 되었습니다.

마거릿은 늘 용돈이 부족했습니다. 아버지가 부쳐 주는 돈이 너무 적었기 때문입니다. 그래서 마거릿은 학교 근처에 있는 군부대 식당에서 음식을 나르는 아르바이트를 해 용돈을 벌었습니다.

그러던 어느 날이었습니다. 아버지가 그랜덤 시 시장 선거에 후보로 출마했습니다. 마거릿은 고향으로 내려가 밤낮없이 선거 운동을 했고, 마침내 아버지가 시장에 당선되었습니다.

"아버지, 축하드려요."

"고맙구나. 네가 열심히 나를 도와준 덕이다. 이제부터 고향 사람들을 위해 일하게 되어 정말 기쁘구나."

아버지는 드디어 시장에 취임해, 여기저기 인사를 다니기 시작했습니다. 하루는 변호사에게 저녁 초대를 받았는데, 마거릿을 데리고 갔습니다. 마거릿은 변호사 사무실을 둘러보며 속으로 생각했습니다.

'이분은 변호사 일과 판사 일을 겸하신다고 했지? 이런 사무실에서 일하는 것도 괜찮겠어. 나도 나중에 법률 공부나 할까?'

마거릿은 법에 대해 흥미를 느꼈습니다.

옥스퍼드 대학을 졸업한 마거릿은 전공을 살려 플라스틱 공장 연구원으로 들어갔습니다. 그러나 그의 마음속에는 정치가의 꿈이 자라고 있었습니다.

'나는 화학 연구가로 평생을 살고 싶지 않아. 내가 정말 하고 싶은 일은 정치야.'

정치에 뜻을 두고 있던 마거릿은 보수당 당원으로 활동하게 되었습니다.

1948년의 어느 날, 보수당에서는 내년 총선에 출마할 하원 의원 후보를 정하기로 했습니다. 마거릿이 살던 다트 포트 지방에서는 20여 명의 남자 후보와 함께 마거릿이 추천되었습니다. 이 가운데 한 사람을 뽑아 다트 포트 지방의 하원 의원 후보로 내보낸다는 것입니다.

"마거릿은 나이가 겨우 스물네 살이야. 너무 어리지 않나?"

"다트 포트는 공업 도시라서 여자 후보는 어울리지 않아. 우리와 맞설 노동당은 대부분 남성 노동자들의 지지를 받고 있거든. 우리도 유권자를 끌어모을 수 있는 남자 후보를 뽑아야 돼."

마거릿이 처음 추천되었을 때 이러한 반대 의견도 있었습니다. 그러나 보수당 클럽 회장은 마거릿을 만나 보고는 깊은 인상을 받았습니다. 굳은 의지와 성실한 자세, 자신만만한 태도에 반하지 않을 수 없었습니다.

"다른 남성 후보들보다 훨씬 낫네. 저 정도 패기라면 우리 당 후보로 내보내도 되겠어."

마거릿이 다트 포트 지방의 하원 의원 후보로 결정되는 순간이었습니다.

1949년 총선에서 마거릿은 아깝게 떨어졌습니다. 공업 도시인 다트 포트에서 노동자들의 지지를 받는 노동당의 벽은 매우 높았던 것입니다.

그러나 이 선거에서 마거릿은 평생의 반려자를 만났습니다. 데니스 대처, 화학 회사를 운영하는 돈 많은 보수당원이었습니다. 선거 운동 기간 중에 만난 두 사람은 1952년 12월 13일 감리 교회에서 결혼식을 올렸습니다. 이리하여 마거릿 로버츠는 남편이 대처여서 남편의 성을 따라 '마거릿 대처'로 불리게 되었습니다.

직장을 사직한 마거릿 대처는 법률 공부를 시작하여 1954년 변호사 시험에 합격했습니다. 그리고 법률 공부를 하는 중인 1953년에는 쌍둥이 남매를 낳아 엄마가 되었습니다.

그렇다고 마가릿 대처가 정치가의 꿈을 포기한 것은 아니었습니다. 1959년 총선에서 런던의 핀츨리 선거구에 보수당 후보로 출마해 당선됨으로써 꿈에 그리던 의회에 진출할 수 있었습니다.

마거릿 대처는 하원 의원이 되었지만 세금과 재정 문제에 전문적인 지식을 갖고 있는 변호사 출신이었습니다.

어느 날, 하원에서 법안 제출자로 뽑힌 그는 동료 의원들 앞에서 법안을 설명하는 연설을 하게 되었습니다.

어려서부터 자기에게 맡겨진 일은 성실하게 해 온 마거릿 대처였습니다. 그는 연설을 하기 전에 도서관에 틀어박혀 준비를 철저히 했습니다. 그러고는 연설 원고도 없이 연단에 올라갔습니다. 마거릿 대처는 이미 머릿속에 원고 내용을 다 정리해 놓았습니다. 그래서 원고도 없이 까다로운 통계 수치를 정확히 인용하며 27분 동안 훌륭한 연설을 할 수 있었습니다.

마거릿 대처는 초선 의원이었지만 이 한 번의 연설로 주목받는 의원이 되었습니다. 〈데일리 텔리그래프〉 신문은 이튿날 마거릿 대처의 연설을 소개하며 이렇게 평했습니다.

> 대처 의원은 메모지 한 장 없이 복잡하고 어려운 법안을 27분 동안 잘 설명했다. 이 연설은 경험이 풍부한 중진 의원의 연설을 능가하는 수준이다. 그의 뛰어난 실력과 기막힌 의회 적응력에 놀라지 않을 수 없다.

1961년 마거릿 대처는 보수당 정부의 국가 연금 및 보험 장관 아래에서 일하는 정무 차관에 임명되었습니다. 그 뒤에는 주택 공사 장관, 연금 장관, 재무 장관, 연료 전력 장관, 교육·과학 장관 등을 지냈습니다.

마거릿 대처는 교육·과학 장관으로 3년 6개월을 근무했는데, 한번은 이런 일이 있었습니다.

1970년 에드워드 히스 수상은 마거릿 대처에게 교육 재정을 삭감하라고 명했습니다. 그것은 선거를 앞두고 국가 재정을 안정시키고 재정의 낭비를 줄이자는 취지였기에, 마거릿 대처는 바로 교육 재정을 줄이는 작업에 들어갔습니다.

"초등학교 우유 급식을 유료로 바꾸겠습니다."

마거릿 대처는 이런 결정을 내렸습니다. 그것은 자식의 우유 값은 부모가 내야 한다는 생각에서 정한 조치였습니다. 그러자 학부형들이 들고 일어났습니다. 심지어 마거릿 대처를 '우유 도둑'이라고 비난하는 사람도 있었습니다. 그 당시 영국의 유명한 신문인 〈더 선〉은 마거릿 대처를 '영국에서 가장 인기 없는 여성'으로 선정하기도 했습니다.

한편 교육·과학 부서 안에서는 교육 재정 삭감의 조치로 공공 도서관을 유료화하자는 주장도 있었습니다. 그러나 마거릿 대처는 이에 대해서는 끝까지 반대했습니다.

"도서관 운영이 아무리 적자라고 해도 시민들에게 이용료를 받으면 안 됩니다. 공공 도서관은 시민을 위한 평생 대학입니다."

마거릿 대처는 자신이 옳다고 생각하는 것은 끝까지 밀고 나가는 사람이었습니다. 우유 무료 급식은 유료로 바꾸었지만 공공 도서관의 유료화는 단호히 거부했습니다. 우유 급식 정도는 학부

모가 부담할 수 있지만, 시민들에게 무료로 지식과 교육을 쌓게 하는 것은 정부가 할 일이라고 믿었던 것입니다.
 마거릿 대처는 어린 시절 도서관을 자주 이용했습니다. 그때 아버지에게 들은 말이 '도서관은 시민을 위한 것'이었습니다. 도서관이 시민들에게 얼마나 필요한지 잘 알기에, 도서관의 유료화만큼은 받아들일 수 없었던 것입니다.

1975년은 마거릿 대처에게 잊지 못할 해였습니다. 1974년 보수당이 총선에서 패배하자, 보수당원들은 선거를 하여 당수를 다시 뽑으라고 요구했습니다. 그래서 1975년 2월 4일, 마거릿 대처가 보수당 당수 선거에 출마하여 현 당수인 히스와 맞붙게 되었습니다. 이날 투표에서는 히스가 119표, 마거릿 대처가 130표를 얻었습니다.

그러나 어느 쪽도 과반수를 얻지 못했기에 2월 11일 2차 투표가 이루어졌습니다. 그런데 이날은 모두의 예상을 뒤엎고 마거릿 대처가 과반수를 넘은 146표를 얻어 보수당 당수에 당선되었습니다. 영국 정치사상 처음으로 여성 당수가 태어난 것입니다.

1979년 마거릿 대처는 보수당 당수가 된 지 4년 만에 총선을 치르게 되었습니다. 5월 3일 실시된 총선에서 보수당은 노동당에 승리를 거두었습니다. 마거릿 대처는 영국 최초의 여자 수상이 되어 수상 관저인 다우닝 가 10번지로 들어갔습니다.

마거릿 대처는 영국 수상이 되었다는 기쁨보다 영국을 다시 일으켜야 한다는 생각에 어깨가 무거웠습니다.

당시에 영국은 과거 '해가 지지 않는 나라'라고 불리던, 세계에서 가장 잘사는 나라가 아니었습니다. 옛날의 영광은 모두 잃은 채 제2차 세계 대전 이후 2류 국가가 되어 있었습니다. 정부는 국제통화기금(IMF)의 관리를 받고 있고, 인플레이션은 26.9%에 이르렀습니다. 거리를 헤매는 실업자 수는 수백만 명이나 되며 5대 국영 기업은 매주 200만 파운드의 적자를 냈습니다.

'하느님은 망해 가는 이 나라를 구하라고 나를 수상 자리에 앉히셨어. 우선 내가 해야 할 일은 경제를 살리는 거야.'

마거릿 대처는 팔을 걷어붙이고 경제를 살리는 일에 나섰습니다. 먼저 중소기업을 지원하는 데 온 힘을 쏟았으며, 실업자들에게는 일주일에 40파운드를 주어 작은 사업이라도 할 수 있게 도와주었습니다. 또한 정부에서 운영하는 국영 기업들을 민간 회사로 바꾸어 수백억 파운드의 정부 재정을 마련했습니다. 그리고 세제 개혁을 하여 국민들의 세금을 깎아 주었습니다. 마거릿 대처가 이렇게 과감한 정책과 긴축 재정을 실시한 결과, 1980년대 중반부터는 경제가 살아나기 시작했습니다.

이 당시 마거릿 대처는 강경 정책으로 유명했습니다. 그는 노동조합의 잦은 파업이 경제 발전에 걸림돌이 된다고 생각했습니다. 그래서 석탄 노조가 파업을 할 때는 석탄 2년치 분량을 미리 비축해 두어, 그들의 요구를 들어주지 않고 장기 파업에 맞섰습니다. 그 결과 석탄 노조는 힘을 잃고 파업을 중단했습니다. 마거릿 대처는 이렇게 강철 같은 의지로 노조에 맞섬으로써 '철의 여인'이라고 불리었습니다.

마거릿 대처가 '철의 여인'이라는 별명을 처음 얻은 것은 보수당 당수 시절인 1976년이었습니다. 그는 켄징턴에서 사회주의와 소련을 신랄하게 비판하는 연설을 했는데, 소련의 〈타스 통신〉은 마거릿 대처에게 '철의 여인'이라는 별명을 붙여 주었습니다. 마거릿 대처는 자신의 별명에 대해 이렇게 말했습니다.

"제가 '철의 여인'이라고요? 하긴, 그렇네요. 저는 1센티미터만 앞으로 나가려 해도 싸워야 했어요. 그러니 강철처럼 강해질 수밖에요."

1982년은 마거릿 대처에게 중요한 해였습니다. 4월 2일 일어난 포클랜드 전쟁의 승리로 그는 국민들에게 큰 인기를 얻고, 이듬해 치러진 총선에서 노동당에 승리했기 때문입니다.

포클랜드는 남대서양에 있는 섬으로 대영제국의 마지막 식민지였습니다. 영국에서는 13,000킬로미터나 떨어져 있고, 아르헨티나에서는 500킬로미터 떨어져 있었습니다. 그런데 4월 2일, 아르헨티나 군대는 포클랜드 섬을 점령해 그 땅에 자기네 국기를 꽂았습니다.

이 소식을 들은 마거릿 대처는 아르헨티나에 선전 포고를 했습니다. 그러고는 100여 척의 군함과 2척의 항공모함, 그리고 2만

7천여 명의 병력을 동원하여 포클랜드 섬을 함락시켰습니다. 이 전쟁의 승리로 영국 국민들은 환호했습니다.

"우리 해군은 아직도 힘이 막강해."

"물론이지. 수상이 우리나라의 명예와 품위를 지켜주었어."

포클랜드 전쟁의 승리로 마거릿 대처는 영웅이 되었습니다. 대영제국의 영광을 잊지 못하는 국민들은 마거릿 대처가 영국의 자존심을 살렸다고 그를 칭찬했습니다.

마거릿 대처는 1987년에도 총선에 승리하여 영국을 12년 동안 다스렸습니다.

마거릿 대처가 수상과 보수당 당수에서 물러난 것은 1990년 11월 22일이었습니다. 그는 그 동안의 공적을 인정받아 1992년 남작 작위를 받고 상원 의원이 되었습니다. 그리고 2007년 2월 21일에는 런던의 하원 의사당에 마거릿 대처의 청동상이 세워졌습니다. 이 동상은 2.24미터 높이로 오른팔을 내밀고 연설하는 모습입니다. 살아 있는 전직 수상의 동상이 의사당에 세워진 것은 영국에서 처음이었습니다.

여성 위인전 정치가 편

미얀마 민주화 운동의 기수
아웅산 수치

1945~ , '미얀마 독립의 아버지'인 아웅산 장군의 딸로 태어났으며 미국 뉴욕의 유엔 본부에서 일하다가 부탄 외무부 연구원으로 근무했다. 1988년 잠시 귀국했다가 군사 독재 정권 밑에서 신음하는 국민들을 보고 민주화 투쟁에 나섰다. 1988년 민주 국민 연맹을 만들어 총서기에 선출되었으며, 1990년 총선에서 총 485석 가운데 392석을 차지하는 큰 승리를 거두었다. 그러나 군사정권은 선거결과를 무효화했고, 아웅산 수치를 집에 가두었다(가택 연금). 1991년에는 노벨 평화상을 받았다. 2010년 세 번째 가택 연금에서 풀려난 아웅산 수치는 민주화를 위한 활동을 계속하고 있다.

아웅산 수치의 아버지는 '미얀마 독립의 아버지'라고 불리는 아웅산 장군입니다. 그는 오늘날까지 미얀마 국민으로부터 미얀마를 세운 민족의 영웅으로 존경과 사랑을 받고 있습니다.

미얀마는 1885년 영국과의 전쟁에 패배함으로써 영국의 손아귀에 넘어갔습니다. 영국은 미얀마를 자기들의 식민지인 인도의 한 개 주로 편입시켰습니다. 그러다가 1931년 농민들이 봉기를 일으키자 1937년 미얀마를 인도에서 분리시켰습니다.

양곤 대학교 학생이었던 아웅산 장군은 대학을 졸업하자 민족 운동 단체인 '타킨당'에 가담하여 영국을 상대로 미얀마 독립을 위해 싸웠습니다. 아웅산 장군은 1940년 영국으로부터 체포령이 내려지자 중국을 거쳐 일본으로 갔습니다.

'우리 힘으로는 영국을 이 땅에서 몰아낼 수 없어. 일본과 힘을 합쳐 영국에 맞서 싸우자.'

일본은 아웅산 장군에게 미얀마 독립을 약속했습니다. 아웅산 장군은 일본의 약속을 믿고 미얀마 독립군을 만들어 일본 하이난 섬에서 훈련을 받았습니다. 그러고는 1942년 4월 일본군과 함께 미얀마의 라시오를 공격해 미얀마 로드를 함락했습니다.

그런데 일본은 여기에 그치지 않았습니다. 영국을 쫓아낸 이후에는 미얀마를 자신들의 식민지로 삼아 버렸던 것입니다.

일본의 침략 야욕을 알아차린 아웅산 장군은 일본이 세운 괴뢰 정권의 국방 장관으로 있다가, 연합군이 반격해 오자 1945년 3월 미얀마 독립군을 데리고 연합군에 합류했습니다. 그리하여 연합군과 함께 일본군을 무찔렀습니다.

1945년 8월 일본이 물러가자, 미얀마는 다시 영국의 통치를 받게 되었습니다. 그러나 아웅산 장군은 1947년 1월 영국 런던에서 클레멘트 애틀리 수상을 만나 미얀마의 독립 협상을 벌였습니다.

'앞으로 1년 안에 미얀마는 영국으로부터 독립한다.'

아웅산 장군은 마침내 이런 내용의 협정서를 발표하여, 그 해 4월 제헌 의회 선거까지 치렀습니다. 하지만 그는 끝내 조국의 독립을 보지 못했습니다. 1947년 7월 19일, 미얀마가 독립하기 불과 6개월 전, 정적에게 암살을 당했기 때문입니다.

이때 아웅산 수치는 겨우 세 살이었습니다. 1945년 6월 19일에 태어났으니 생일을 맞이하고 한 달이 지나서였습니다.

아웅산 장군이 죽었다는 소식이 전해지자 미얀마 사람들은 큰 슬픔에 빠져들었습니다.

"이 무슨 날벼락입니까? 아웅산 장군님이 돌아가시다니요."

"부처님도 너무하십니다. 미얀마의 독립을 이루어내신 분을 이렇게 서둘러 데려가시다니……. 이제 누가 이 나라를 이끌어간단 말입니까?"

미얀마 사람들은 밤새도록 통곡했습니다.

그러나 수치는 아버지의 죽음을 알기에는 너무 어렸습니다. 커다란 인형을 끌어안은 채 혼자 놀고 있었습니다. 이 인형은 아버지가 독립 협상을 하러 런던에 갔다가 선물로 사다 준 것이었습니다. 아버지에게 받은 마지막 선물이었습니다.

수치의 집은 양곤(옛 랑군)의 중심지인 타와레인에 있었습니다. 이 집에는 아웅산 장군의 부하들이 수시로 찾아왔습니다.

"수치야, 마당에서 혼자 놀고 있구나."

수치에게 말을 건네면 수치는 아장아장 걸어왔습니다. 그리고 아무에게나 안아 달라고 졸랐습니다. 그러면 아웅산 장군의 부하들은 수치를 안아 번쩍 들어올렸습니다. 수치의 집은 아웅산 장군이 죽은 뒤 그의 기념관이 되었습니다.

수치가 어린 시절을 보낸 곳은 양곤의 대학가 51번지였습니다. 양곤의 중심지에서 40킬로미터쯤 떨어진 잉야 호숫가에 그의 집이 있었습니다. 넓은 정원과 수영장이 딸린 흰색 2층 빌라였습니다.

수치에게는 두 오빠가 있었습니다. 큰오빠가 아웅산 우이고, 작은오빠가 아웅산 린입니다.

그런데 수치의 집안에는 아버지의 죽음에 이어 또다른 불행의 그림자가 덮쳤습니다. 수치의 작은오빠 린이 마당에서 놀다가 수영장에 빠져 죽은 것입니다.

수치의 어머니 다우 킨지는 굳세고 책임감이 강한 사람이었습니다. 당시 제헌 의회의 의원이었던 그는 작은아들이 죽었다는 소식을 듣고도 업무를 마친 뒤에야 집으로 향했다고 합니다.

어머니는 수치에게 틈틈이 아버지 이야기를 들려주었습니다.

"수치야, 네 아버지는 식민지 치하에서 신음하는 국민과 나라를 구하기 위해 평생을 바치신 분이다. 너는 훌륭한 아웅산 장군의 딸임을 잊지 말아라. 아버지에게 부끄럽지 않은 딸이 되어야 하고, 조국과 민족을 위해 일하는 사람이 되어야 한다."

어려서부터 아버지 이야기를 많이 들었던 수치는 자랄수록 아버지 아웅산 장군에 대한 궁금증이 더욱 커졌습니다.

'아버지는 무슨 생각을 하고 무슨 이야기를 하셨을까? 누구누구와 만나 어떤 일을 하셨을까?'

그래서 수치는 아버지를 아는 사람들을 만나 아버지 이야기를 듣고, 아버지에 대한 자료를 모으기 시작했습니다.

　1960년 어머니가 인도 대사로 부임하게 되었습니다. 미얀마 최초의 여성 대사였습니다. 열여섯 살이 된 수치는 어머니를 따라 인도의 수도 뉴델리로 갔습니다.

　수치는 뉴델리에서 고등학교와 레이디 슈리 람 대학을 다녔습니다. 틈틈이 꽃꽂이, 승마, 피아노를 배웠으며 책을 많이 읽었습니다. 인도에서 사는 동안 인도의 초대 수상 네루의 손자이자 뒷날 인도 수상이 되는 라지브 간디와 친구로 가깝게 지냈습니다.

　1964년 수치는 영국으로 유학을 떠나 옥스퍼드 대학에 입학했습니다. 전공은 철학, 정치학, 경제학이었습니다.

　수치는 영국에서도 자신이 미얀마 사람임을 잊지 않았습니다. 그는 미얀마 여성의 전통 의상인 론지를 입고 다녔습니다. 론지는 허리에 감아 입는, 발을 덮는 긴 치마였습니다. 그 모습을 보고 학교 친구들은 그를 '아시아의 귀족'이라고 불렀습니다.

　1967년 옥스퍼드 대학을 졸업한 수치는 미국 뉴욕의 유엔 본부에 취직했습니다. 그가 맡은 일은 재무위원회 비서였습니다. 그리고 4년 뒤에는 부탄 외무부 연구원으로 근무했습니다.

　수치에게는 옥스퍼드 대학 시절에 알던 친구가 있었습니다. 티베트 문화를 연구하는 젊은 학자 마이클 아리스였습니다. 수치는 이 친구를 부탄에서 다시 만나 사랑에 빠졌습니다.

"수치, 당신은 아름답습니다. 사랑하는 당신과 결혼하고 싶습니다."

마이클은 수치에게 꽃을 바치고 청혼했습니다. 그러나 수치는 그 청혼을 받아들이지 않았습니다.

그 뒤에도 두 사람은 수백 통의 편지를 주고받았습니다. 서로의 애정이 담긴 핑크빛 연애 편지였습니다.

어느 날, 수치는 마이클의 청혼을 받아들이며 편지에 이렇게 썼습니다.

나는 미얀마 국민이 존경하고 사랑하는 아웅산 장군의 딸입니다. 만약에 미얀마 국민이 나를 필요로 할 때는 나는 언제든지 그들에게 돌아가야 합니다. 당신이 이 점을 이해하고 나를 도와주겠다면 당신과 결혼하겠습니다.

마이클은 수치의 부탁을 들어주겠다고 답장을 보냈습니다. 그리하여 두 사람은 1972년 1월 1일 결혼식을 올렸습니다.

수치는 결혼 생활이 행복했습니다. 1973년에는 큰아들 알렉산더를 낳고, 4년 뒤에는 작은아들 킴을 낳았습니다.

1985년, 수치는 일본 교토 대학 동남아시아 연구소의 연구원이 되었습니다. 작은아들 킴과 일본에서 지내며 수치는 틈틈이 아버

지 아웅산 장군에 대한 자료를 모으고 그에 대한 글을 썼습니다. 그렇게 해서 오스트레일리아의 퀸즐랜드 대학에서 '리더스 오브 아시아' 시리즈의 첫 권으로 출간된 것이 〈나의 아버지〉라는 책입니다.

 1988년 3월, 영국 런던에 살고 있던 수치에게 미얀마에서 전화가 왔습니다.

"수치 여사, 어머니가 심장병으로 쓰러지셨어요."

"예? 그게 정말이에요?"

수치는 미얀마로 떠나는 비행기에 몸을 실었습니다. 조국을 떠난 지 28년 만의 귀향이었습니다.

미얀마는 군사 정권의 통치를 받고 있었습니다. 1962년 3월 군사 쿠데타를 일으켜 정권을 잡은 참모총장 네윈은 혁명위원회를 조직하여 헌법을 정지시키고 의회를 해산했습니다. 그러고는 사회주의 계획당을 만들어 1당 독재 체제의 사회주의 신헌법을 공포해 대통령에 뽑혔습니다.

그러나 네윈의 군사 정권은 국민의 자유와 권리를 빼앗고 독재 정치를 했습니다. 정부의 부패와 잘못된 경제 정책으로 미얀마를 세계에서 가장 가난한 나라로 만들었습니다. 국민 경제는 파탄에 이르러 유엔에 최빈국 대우를 요청할 수밖에 없었습니다.

미얀마 국민들은 무능한 군사 정권의 독재를 도저히 참을 수 없었습니다. 그래서 군사 독재에 저항하기 위해 거리로 쏟아져 나와 시위를 벌였습니다.

"도저히 못 살겠다. 독재 정권은 물러가라!"

"독재자를 몰아내고 민주주의를 쟁취하자!"

그러나 독재 정권은 경찰과 군대를 동원하여 무자비하게 진압하고, 시위에 가담한 사람들을 잡아 가두었습니다.

조국 땅을 다시 밟은 수치는 독재 정권 밑에서 신음하는 국민들을 보니 가슴이 찢어지는 듯 아팠습니다.

'내가 조국을 떠나 가족과 더불어 편안하게 살아오는 동안, 우리 국민들은 크나큰 고통을 겪고 있었구나. 이런 현실을 외면한 채 스스로 아웅산 장군의 딸이라고 자랑하고 다녔으니……'

수치는 부끄러워 얼굴을 들 수 없었습니다.

'늦지 않았다. 이제부터라도 내가 조국과 민족을 위해 할 수 있는 일이 무엇인지 찾아보자.'

1988년 8월 8일, 어머니를 간호하던 수치는 충격적인 소식을 들었습니다.

"뭐, 뭐라고? 양곤 시내에서 수만 명의 시민들이 평화적인 시위를 하는데, 군인들이 이들을 향해 총을 쏘았다고?"

이 날의 시위를 8이 네 개나 겹친 날 일어난 사건이라고 해서 '8888 사건'이라고 합니다. 이 날부터 일주일 동안 계속된 시위에서 군인들의 발포로 2천 명에서 2만 명의 시민이 목숨을 잃었습니다. 오늘날까지도 정확한 진상과 사망자 수는 밝혀지지 않고 있답니다.

수치는 이 소식을 듣고 조국과 민족을 위해 자신이 해야 할 일이 무엇인지 깨달았습니다.

'그래, 군사 독재 정권 밑에서 신음하는 국민들을 구하는 일에 나서는 거다. 군사 독재 정권을 몰아내고 조국의 민주화를 위해 앞장서 싸우는 거야.'

8월 26일, 수치는 양곤의 중심가인 쉐다곤 파고다에서 처음으로 연설을 했습니다. 쉐다곤 파고다는 이름난 불교 사원인데, 그 앞에는 50만 명의 군중이 모여 있었습니다.

"저는 아웅산 장군의 딸입니다. 아버지는 나라와 민족을 구하기 위해 미얀마 독립군을 만들었습니다. 하지만 오늘날 미얀마 군대는 무슨 일을 하고 있습니까? 나라와 민족을 지키는 것이 아니라 오히려 총을 쏘아 국민들을 죽이고 있습니다. 국민들에게 총을 쏘라고 명령한 군사 정권, 독재자 네윈은 물러나야 합니다. 저는 미얀마 독립의 아버지, 아웅산 장군의 딸로서 이 사태에 무관심할 수 없습니다. 이 민족적 위기를 극복하기 위해 제2의 독립 투쟁이라 할 수 있는 민주화 투쟁을 벌여 나가겠습니다."

수치의 연설을 듣고 미얀마 국민들은 환호했습니다.

"역시 아웅산 장군의 딸이야. 아웅산 수치가 앞장서 준다면 우리는 반드시 군사 독재 정권과 싸워 이길 거야."

수치는 하루아침에 미얀마 민주화 운동의 지도자가 되었습니다. 그는 1988년 민주 국민 연맹(NLD)이라는 정당을 만들어 총서기에 선출되었습니다.

"우리는 이 땅에 참된 민주 정부를 세울 것입니다. 이것이 민주 국민 연맹의 창립 목적입니다."

수치는 전국 각지를 돌아다니며 천여 번 이상의 연설을 했고, 가는 곳마다 군중들이 모여 뜨거운 환영과 지지를 보냈습니다.

이를 보고 군사 정권은 당황했습니다. 수치를 자유롭게 놓아두면 자신들의 권력을 유지하기 위태로울 것 같았습니다. 그래서 1989년 7월 20일, 그들은 수치를 집 밖으로 나오지 못하게 했습니다. 가택 연금을 한 것입니다. 군사 정권은 1989년부터 1995년까지 수치를 가택 연금했습니다.

그러나 이 같은 탄압 앞에서도 민주 국민 연맹은 꿋꿋하게 활동을 계속했습니다. 그리하여 1990년 5월 27일 총선에서는 총 485석 가운데 392석을 차지하는 큰 승리를 거두었습니다. 그러나 군사 정권은 총선 결과를 인정하지 않았습니다. 선거에 당선된 사람들을 감옥에 가두고 끝내 권력을 넘겨주지 않았습니다.

수치의 민주화 투쟁과 미얀마 군사 정권의 독재는 세계에 널리 알려졌습니다. 국제 사회는 수치를 지지했으며, 1991년 그의 공로를 인정하여 노벨 평화상 수상자로 선정했습니다.

그러나 수치는 연금 상태에 있어 노벨상을 받으러 갈 수 없었습니다. 그의 남편과 아들들이 그 상을 대신 받았습니다.

1999년 남편 마이클이 전립선암으로 세상을 떠났을 때는 장례식에 참석하지도 못했습니다.

2010년 가택 연금의 시기가 종료되어 아웅산 수치는 가택 연금

에서 풀려나게 되었습니다. 그러나 미얀마 독재 정권은 여전히 미얀마 국민의 인권과 국민을 탄압하고 있습니다. 자유의 몸이 된 그는 앞으로도 미얀마에 민주화가 찾아오는 날까지 민주화를 위한 운동을 계속해 나갈 것입니다.

미국 역사를 바꾼 소설 〈톰 아저씨의 오두막〉의 작가

해리엇 비처 스토

1811~1896, 신학자이자 목사인 라이먼 비처의 딸로 미국 코네티컷 주에서 태어났다. 도망 노예 단속법이 의회에서 통과되자 노예 제도에 대한 분노로 〈톰 아저씨의 오두막〉이라는 소설을 써서 발표했다. 이 소설은 1년 동안 30만 부나 팔렸으며, 23개 국어로 번역되어 전 세계 사람들에게 깊은 감동을 주었다. 결국 이 소설이 불씨가 되어 남북전쟁이 일어났으며, 북군의 승리로 노예 제도는 완전히 없어졌다. 대표 작품으로 〈톰 아저씨의 오두막〉이 있으며 〈목사의 구혼〉, 〈올드 타운의 주민들〉 등의 장편 소설과 단편집 〈샘 로슨의 올드 타운 가정 이야기〉를 발표했다.

'내가 읽을 만한 재미있는 책이 없을까?'

해리엇은 2층 다락방으로 올라갔습니다. 다락방에는 책이 수북이 쌓여 있었습니다.

해리엇의 아버지 라이먼 비처는 유명한 신학자이자 목사였습니다. 그래서 집에는 어렵고 딱딱한 신학에 관한 책만 잔뜩 있었습니다. 모두 어린 해리엇이 읽을 수 없는 책들이었습니다.

해리엇은 책 더미를 뒤지다가 겉표지에 그림이 있는 책을 찾아냈습니다.

"〈아라비안나이트〉라고? 음……, 책에 여러 가지 이야기가 실려 있구나."

해리엇은 그 자리에서 짧은 이야기 한 편을 읽어 보았습니다. 꽤 재미있었습니다. 그리고 다락방에서 내려와 〈아라비안나이트〉를 계속 읽었습니다. 어찌나 재미있는지 책을 손에서 놓을 수가 없었습니다. 해리엇은 책을 읽고 또 읽었습니다. 겉표지가 너덜너덜해지도록 책에 푹 빠져 지내니 나중에는 책 전체를 줄줄 외울 정도가 되었습니다.

해리엇은 학교에서 친구들에게 인기가 높았습니다. 책에서 읽은 이야기를 친구들에게 들려주었기 때문입니다. 쉬는 시간이나 점심 시간이면 해리엇 주위로 친구들이 둥그렇게 둘러앉아 침을 꼴깍 삼키며 해리엇의 이야기를 듣는 것입니다.

해리엇은 〈아라비안나이트〉를 읽고 나서는 마음속으로 굳게 다짐했습니다.

'나도 사람들에게 재미와 감동을 주는 작품을 쓰는 작가가 될 테야. 그래서 〈아라비안나이트〉 못지않은 명작을 세상에 남겨야지.'

작가의 꿈을 간직한 아이답게 해리엇은 어려서부터 글을 잘 썼습니다.

열세 살 때 해리엇이 다니는 학교에서는 학예회가 열렸습니다. 부모님을 초청하여 연극, 무용, 노래 등 학생들이 갈고 닦은 재주를 선보이는 자리였습니다. 그중에는 전교생의 글 가운데서 가장 잘 쓴 글 세 편을 뽑아 발표하는 순서도 있었습니다.

해리엇은 가슴이 두근거렸습니다. 자신의 글도 세 편 가운데 들어 있었기 때문입니다.

해리엇은 두 번째로 나가서 자기 글을 낭독했습니다. 〈자연계 법칙에 따라 영혼 불멸설을 증명한다〉라는 어려운 내용이었습니다.

아버지 라이먼 비처 목사도 그 자리에 참석하여 해리엇이 낭독하는 모습을 지켜보고 있었습니다.

'저렇게 어려운 글을 저 녀석이 직접 썼단 말이야? 믿어지지 않는군.'

라이먼 비처 목사는 너무 놀라 벌린 입을 다물지 못했습니다.

이렇듯 어려서부터 책을 좋아하고 남다른 글솜씨를 보인 여자아이가, 뒤에 노예 제도에 반대하는 소설 〈톰 아저씨의 오두막〉을 쓰는 해리엇 비처 스토입니다.

해리엇은 1811년 6월 14일, 미국 코네티컷 주의 리치필드에서 태어났습니다. 8남매 가운데 여섯째였습니다. 위로는 언니 둘과 오빠 셋, 아래로는 두 남동생이 있었습니다.

해리엇은 어머니 록산나를 다섯 살 때 여의었습니다. 어머니의 사랑을 한창 받아야 할 나이에 어머니를 잃게 된 것입니다.

해리엇은 어머니가 그리우면 외할머니 댁에 다녀오곤 했습니다. 어머니와 쏙 빼닮은 외할머니를 보면 어머니를 만난 듯 반갑고 기뻤습니다.

해리엇의 집에 새어머니가 들어온 것은 해리엇이 일곱 살 때였습니다. 새어머니는 착하고 자상한 분이어서 해리엇의 형제들을 잘 돌봐 주었습니다.

해리엇은 열세 살이 되던 해의 가을에 언니 캐서린이 운영하는 하트포드 여학교에 입학했습니다.

이 학교에서는 신학 과목을 가르쳤습니다. 해리엇은 신학 공부를 하면서 시나 소설을 열심히 끄적였습니다.

어느 날, 아버지가 해리엇을 불러 말했습니다.

"나는 네가 신학 공부를 열심히 했으면 좋겠구나. 다른 데 한눈팔지 말고……."

해리엇은 아버지가 왜 이런 말씀을 하는지 알 것 같았습니다.

'내가 문학을 하는 것이 못마땅하시겠지. 그렇다고 문학을 포기할 수는 없어.'

해리엇은 잠시 이런 생각을 하고 입을 열었습니다.

"아버지 뜻을 잘 알겠어요. 아버지를 실망시키지 않게 신학 공부를 좀 더 열심히 할게요. 하지만 저는 문학만은 포기하고 싶지 않아요. 글을 열심히 써서 꼭 작가가 되고 싶어요. 언젠가 아버지는 제게 말씀하셨죠? 이웃을 내 몸과 같이 사랑하라고요. 이것은 물론 예수님 말씀이지요. 저는 불쌍한 이웃에게 나누어 줄 먹을 것도 입을 것도 없어요. 제가 가진 것은 오로지 글 쓰는 재주뿐이에요. 아버지, 저는 불쌍한 이웃에게 꿈과 희망을 주는 글을 쓰고 싶어요. 하느님께서는 제게 이런 일을 하라고 글 쓰는 재주를 주시지 않았나 싶어요."

아버지는 고개를 끄덕이더니 딸의 손을 꼭 잡았습니다.

"네 뜻을 잘 알겠다. 앞으로 열심히 글을 쓰도록 해라. 너는 하느님이 주신 사명을 잘 감당할 수 있을 거야."

아버지는 해리엇에게 격려의 말을 아끼지 않았습니다.

그 뒤부터 해리엇은 아버지와 약속한 대로 신학 공부를 열심히 하면서 문학 작품도 부지런히 썼습니다.

1832년 해리엇이 스물두 살이 되던 해에 아버지가 레인 신학교 교장에 임명되어 해리엇의 가족은 오하이오 주의 신시내티로 이사했습니다.

이 무렵 해리엇의 언니 캐서린은 신시내티에 웨스턴 여학교를 세웠습니다. 해리엇은 이미 하트포드 여학교를 졸업했기 때문에 언니를 도와 웨스턴 여학교에서 교사로 일했습니다.

해리엇은 그때까지도 글을 계속 쓰고 있었습니다. 그는 지방 신문에 수필이나 소설을 싣는 등 작품 활동을 시작했습니다.

1833년 봄의 어느 날, 해리엇은 친구와 켄터키로 여행을 떠났습니다. 켄터키는 오하이오 주 옆에 있는 주인데, 직접 찾아가기는 처음이었습니다.

켄터키에는 곳곳마다 농장이 있었습니다. 마차가 달리는 길 주변에는 목화밭이 펼쳐져 있어 목화밭에서 일하는 흑인 노예들의 모습을 흔하게 볼 수 있었습니다. 노예들은 쇠사슬에 묶인 채 목화를 따고 있었습니다.

말을 탄 백인 감독관은 노예들에게 쉴 새 없이 채찍을 휘둘렀습니다.

"꾸물거리지 말고 빨리빨리 일해! 그렇게 일해서 언제 다 목화를 딸 거야?"

백인 감독관이 한번 채찍을 휘두르면, 벌거벗은 노예의 잔등에는 지렁이 같은 채찍 자국이 생겼습니다. 일손을 놓았다가는 어김없이 채찍이 날아오기 때문에 노예들은 잠시도 쉬지 않고 일을 했습니다.

'너무 끔찍해. 노예들도 사람인데 짐승 다루듯 하다니……'

해리엇은 차마 눈뜨고 볼 수 없어 고개를 돌리고 말았습니다.

오하이오 주의 신시내티는 켄터키 주와 가까워, 도망쳐 오는 노예들이 적지 않았습니다. 그들의 입을 통해 노예들의 비참한 생활을 전해 듣기는 했지만 채찍을 맞으며 일하는 노예들의 참혹한 모습을 보기는 처음이었습니다.

'흑인 노예들도 우리와 똑같은 사람이고 하느님의 백성이다. 흑인들을 아프리카에서 강제로 끌고 와 짐승처럼 사고팔며 대대로 노예로 부려먹어도 되는가? 이 얼마나 잔인한 짓인가? 흑인들을 소나 말처럼 부리는 노예 제도는 없어져야 한다.'

해리엇은 여행을 하는 동안 이런 생각이 머릿속에서 떠나지 않았습니다.

'흑인 노예들도 내가 돌봐야 할 불쌍한 이웃이다. 나는 이들을 위해 글을 써야 한다.'

해리엇은 마차 안에서 스스로 맹세했습니다.

미국 땅에 처음으로 흑인 노예가 수입된 것은 1619년이었습니다. 영국의 식민지였던 당시에 흑인 노예는 남부의 중요한 노동력이 되었습니다. 남부에는 담배, 쌀 등을 재배하는 큰 농장이 많이 있기 때문입니다. 이렇게 해서 미국에는 노예 제도가 자리 잡게 되었고 그것은 법으로 정해져 널리 시행되었습니다.

미국이 영국으로부터 독립한 뒤에는 북부에서 노예 제도를 반대하는 목소리가 높아졌습니다. 1831년에는 북부에서 노예 제도에 반대하는 신문인 〈해방자〉가 창간되었으며, 2년 뒤에는 필라델피아에 노예 제도 반대 협회가 만들어졌습니다.

북부에는 작은 농장과 공장 지대가 많았습니다. 하지만 남부에는 큰 농장이 많아서 노예를 필요로 했습니다. 더구나 1793년 면

방기가 발명되어 목화가 남부의 주요 농작물이 되고부터는 더욱 많은 노예를 필요로 했습니다.

사정이 이러하니 남부에서는 노예 제도를 없애는 것을 결사적으로 반대했습니다. 그래서 미국의 헌법에는 노예 제도를 그대로 인정하고 있었습니다.

콜럼버스가 아메리카 대륙을 발견하여 유럽의 식민지가 된 이래 아메리카 대륙으로 팔려 간 흑인 노예는 1,200만 명이나 됩니다. 또는 그 두 배가 넘는 3천만 명이라는 주장도 있습니다.

1836년 해리엇은 레인 신학교 교수인 캘빈 스토와 결혼했습니다. 그리하여 그의 이름은 해리엇 비처 스토가 되었습니다.

스토는 처음 7년 동안 5남매를 낳았습니다. 그러다 보니 아이들을 기르고 살림을 하느라 글 한 줄 쓸 수 없었습니다.

스토는 집안일을 도와줄 하녀가 필요했습니다. 그래서 켄터키 농장에서 노예로 일하다가 도망쳐 왔다는 흑인 소녀를 하녀로 맞이했습니다.

소녀는 스토에게 자신의 지난 이야기를 들려주었습니다.

저는 농장 목화밭에서 일했어요. 어릴 적에 노예 시장에서 팔려 와서 어머니, 아버지 소식은 지금까지 전혀 몰라요. 제가 일하던 농장의 노예들은 대부분 저와 비슷한 처지예요. 가족과 헤어져 소나 말처럼 죽어라 일만 했지요.

하루는 목화를 따고 있는데, 한 아주머니가 일을 거의 못 하시는 거예요. 왜 그러시냐고 물었더니 몸이 아프다고 했습니다.

우리 농장에는 존이라는 아저씨가 있었어요. 이분은 누구에게나 존경을 받는 좋은 아저씨였어요. 아주머니가 몸이 아프다는 말을 곁에서 듣고는, 아주머니의 광주리에 자기가 딴 목화를 듬뿍 넣어 주었지요.

하지만 그때 농장 주인이 이 광경을 보고 말았어요.

"존, 뭐 하는 짓이야? 게으름 피우는 여자에게 네가 딴 목화를 나누어 줘?"

"주인님, 죄송합니다. 이 아주머니가 몸이 아프다고 해서……."

"아프긴 뭐가 아파? 공연히 꾀를 부리는 거지. 존, 네가 이 여자를 혼내 줘라."

농장 주인은 존 아저씨에게 채찍을 넘겨주며 이렇게 명령했어요.

하지만 존 아저씨는 고개를 절레절레 흔들었지요.

"주인님, 몸이 아픈 아주머니입니다. 도저히 때릴 수 없으니 용서해 주십시오."

"뭐, 어쩌고 어째? 노예 주제에 주인 말을 어겨? 나한테 덤벼 보겠다는 거냐? 고얀 놈!"

농장 주인은 화를 벌컥 내더니 존 아저씨를 채찍으로 마구 때렸어요. 존 아저씨의 몸은 순식간에 피투성이가 되었지요. 얼마나 많이 맞았는지 나중엔 정신을 잃고 말았어요.

그날 밤, 농장에서 일하는 사람들은 존 아저씨를 보며 모두 치를 떨었어요.

"농장 주인은 사람도 아니야. 존 아저씨를 이 지경으로 만들어 놓다니……."

"농장에 있어 봐야 죽어라 일만 하고, 결국엔 주인에게 맞아 죽게 될 거야. 그럴 바엔 차라리 이 농장에서 도망치자고."

농장에서 일하는 사람들은 한밤중에 농장에서 도망쳐 나왔어요. 저도 그들과 함께 오하이오 주로 도망쳐 왔지요.

스토는 소녀와 같이 지내면서 노예들에 대한 이런 저런 이야기를 들었습니다. 그 내용은 글을 쓰는 데 좋은 소재가 될 것 같아 일일이 메모를 해 두었습니다.

흑인 소녀가 스토의 집에 온 지 석 달쯤 지났을 때였습니다. 일찍 집에 들어온 남편 캘빈은 난처한 표정을 지으며 이렇게 말했습니다.

"해리엇, 좋지 않은 소문을 들었어. 저 아이가 일하던 농장 주인이 눈에 불을 켜고 저 아이를 찾으러 다닌대. 어쩌면 우리 집에 들이닥칠지도 몰라."

"큰일이군요. 앞으로 어떻게 하죠?"

"저 아이를 안전한 곳으로 피신시켜야지. 반잔드라 노인이라면 저 아이를 잘 숨겨 줄 거야."

반잔드라 노인은 스토의 집에서 50리쯤 떨어진 산골짜기에 살고 있었습니다. 그는 도망쳐 온 노예들을 안전하게 보호해 주고 있었습니다.

스토는 자신의 동생인 헨리를 집으로 불렀습니다. 남편은 마차를 구해 흑인 소녀를 태우고, 한밤중에 헨리와 함께 반잔드라 노인의 집으로 갔습니다.

스토는 남편과 헨리가 집으로 돌아올 때까지 걱정이 되어 잠 한숨 자지 못했습니다. 하지만 다음 날 새벽 두 사람이 무사히 돌아오자 안도의 한숨을 내쉬었습니다.

흑인 소녀와의 일은 스토가 소설 〈톰 아저씨의 오두막〉을 쓸 때 좋은 소재가 되었습니다. 흑인 소녀가 이야기한 존 아저씨는 〈톰 아저씨의 오두막〉의 주인공인 톰 아저씨가 되었습니다.

그리고 흑인 소녀를 탈출시킨 일은 톰 아저씨의 아내인 노예 일라이저가 농장에서 도망쳐 버드 상원 의원의 집에 있다가, 뒤쫓아 온 노예 상인을 피해 마차를 타고 반흐롬프 노인의 집으로 가는 것으로 꾸며졌습니다.

1850년 스토의 남편 캘빈은 보든 대학 교수가 되었습니다. 스토는 보든 대학이 있는 메인 주 브런즈윅으로 이사했습니다.

그 해 가을, 스토는 신문을 보고 깜짝 놀랐습니다.

"'도망 노예 단속법'이 의회에서 통과되었다고? 세상에, 어떻게 이런 일이……."

스토는 새파랗게 질린 얼굴로 온몸을 부르르 떨었습니다.

'도망 노예 단속법'이란 도망친 노예를 잡아 주인에게 반드시 돌려주어야 하며 이를 어기고 노예를 숨겨 준다면 벌을 받게 된다는 것이었습니다. 이것은 남부와 북부의 갈등과 대립을 피하기 위해 정치가들이 마련한 협상안이었습니다.

스토는 분하여 견딜 수가 없었습니다. 도망 노예 단속법이 시행된다면 숨어 있던 노예들이 모두 끌려나와 중노동과 죽음이 기다리는 남부의 농장으로 잡혀 갈 것입니다.

브런즈윅 교회의 예배에 참석해서도 스토의 슬픔과 분노는 사라지지 않았습니다. 그때 교회에서는 성찬식이 진행되고 있었습니다.

스토는 자기 앞으로 온 잔을 받는 순간, 흑인 노예 존 아저씨가 매를 맞아 죽어가는 모습이 눈앞에 보였습니다. 스토의 두 눈에서는 뜨거운 눈물이 걷잡을 수 없이 흘렀습니다.

스토는 교회에서 돌아오자마자 미친 듯이 글을 쓰기 시작했습니다. 그것은 〈톰 아저씨의 죽음〉이라는 짧은 소설이었습니다.

이 소설은 뒤에 노예 제도를 반대하는 신문인 〈내셔널 이러〉에 〈톰 아저씨의 오두막〉이라는 이름으로 연재되면서 장편 소설이 되었습니다.

〈톰 아저씨의 오두막〉은 1852년에 출판되었는데 엄청난 인기를 누렸습니다. 책이 나온 날 3천 부가 모두 팔렸으며, 1만 부가 며칠 만에 동이 났습니다. 1년 동안 30만 부가 팔리고 23개 국어로 번역되었는데, 미국에서 이렇게 많이 팔린 책은 〈톰 아저씨의 오두막〉이 처음이었습니다.

이 소설은 미국뿐만 아니라 전 세계 사람들에게 깊은 감동을 안겨 주었습니다.

〈톰 아저씨의 오두막〉을 통해 흑인 노예들의 비참한 생활을 알게 된 사람들은 노예 제도를 반대하는 편에 섰으며, 남부에서는 당연히 판매 금지가 되었습니다.

소설을 읽은 미국 국민들은 노예 제도를 반대하는 링컨을 대통령으로 뽑았습니다. 그러자 남부의 7개 주는 연방 정부로부터 이탈하여 미국 남부 연합을 조직하고, 1861년 마침내 남부와 북부 사이에 전쟁이 일어났습니다.

이것이 남북전쟁입니다. 〈톰 아저씨의 오두막〉이 불씨가 되어 전쟁이 일어난 것입니다.

북군은 처음에는 남군에게 크게 패했지만 이후 50만 명의 젊은 이를 신병으로 받아들여 군대에 편입시켰습니다.

그 가운데는 스토의 둘째 아들도 끼어 있었습니다. 처음 이 아들이 신병에 지원한다고 했을 때 스토는 말렸다고 합니다. 군인이 되기에는 아직 어렸기 때문입니다. 그러나 아들은 신념에 찬 얼굴로 이렇게 말했습니다.

"저는 어머니가 자랑스럽습니다. 어머니는 노예 해방을 위해 책으로 싸우셨지요. 하지만 저는 노예 해방을 위해 전쟁터에서 싸우겠습니다."

"장하구나. 그래, 내 아들답게 당당하게 싸우고 돌아오너라."

어머니는 웃으며 아들을 전쟁터로 보냈습니다.

남북전쟁은 북군의 승리로 끝났습니다. 그리하여 노예 제도는 완전히 없어졌으며 흑인 노예들은 자유를 얻었습니다.

남북전쟁이 끝난 뒤 링컨은 스토를 만나 그의 손을 잡으며 말했습니다.

"이분이 바로 큰 전쟁을 일으킨 작은 부인이로군요."

〈톰 아저씨의 오두막〉으로 미국 역사를 바꾼 스토 부인은 1896년 7월 1일 하늘나라로 갔습니다.

그는 믿음 좋은 신앙인답게 자신의 작품에 대해 이렇게 고백했다고 합니다.

"이 소설은 제가 쓴 것이 아니라 하느님이 쓰셨습니다. 저는 다만 하느님 손에 쥐어진 작은 펜에 지나지 않았습니다."

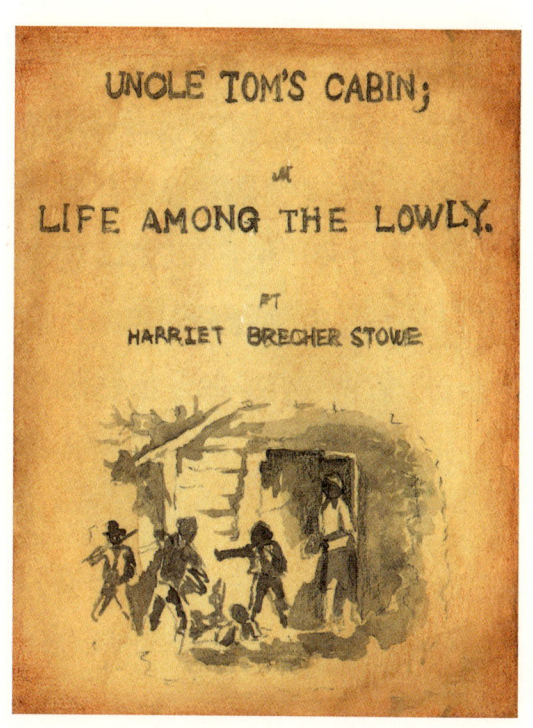

〈제인 에어〉를 쓴 영국의 인기 작가

샬롯 브론테

1816~1855, 영국 요크셔 지방의 손턴에서 목사의 딸로 태어났으며, 작가 에밀리 브론테와 앤 브론테의 언니이다. 1846년 브론테 자매는 〈커러, 앨리스, 액튼 벨의 시집〉을 펴냈는데, 평론가들에게 관심을 끌지 못하고 두 권밖에 팔리지 않았다. 하지만 1847년 장편 소설 〈제인 에어〉가 출판되어 독자들에게 큰 인기를 끌었다. 뒤이어 〈설리〉, 〈빌레트〉 등의 소설을 발표했다. 1854년 39세로 아버지 교회의 부목사를 지낸 아서 벨 니콜스와 결혼하지만, 이듬해 3월 결혼한 지 아홉 달 만에 폐병으로 짧은 생애를 마쳤다. 대표 작품으로는 〈제인 에어〉가 있다.

1820년 4월의 어느 날이었습니다.

영국 요크셔 지방의 하워스 마을 언덕길을 일곱 대의 마차가 올라가고 있었습니다. 마차에는 살림살이가 실려 있고, 여섯 명의 아이와 그 부모님이 타고 있었습니다.

마차들은 언덕 위에 있는 자그마한 교회 뒤의 건물에 이르자 멈춰 섰습니다. 이 건물이 목사관이었습니다.

"얘들아, 다 왔다. 여기가 우리가 살 집이란다."

아버지가 이렇게 말하자 아이들은 마차에서 우르르 내렸습니다. 그리고 목사관으로 뛰어 들어갔습니다. 그중에는 뒷날 이름난 작가가 되는 두 자매가 있었습니다. 다섯 살인 샬롯, 세 살인 에밀리였습니다. 샬롯은 영국에서 가장 인기 있는 소설인 〈제인 에어〉, 에밀리는 셰익스피어의 〈리어 왕〉이나 멜빌의 〈백경〉에 버금가는 명작으로 평가되는 소설인 〈폭풍의 언덕〉을 쓰게 됩니다.

그리고 어머니의 품에 안겨 있는 갓난아기 앤도 나중에 작가가 되어 〈애그니스 그레이〉, 〈와일드펠 홀의 소작인〉 등의 소설을 쓰게 됩니다. 샬롯, 에밀리, 앤은 세계 문학사에 보기 드문 자매 작가로서 오늘날까지 그 이름이 남아 있습니다.

여섯 아이의 아버지, 패트릭 브론테는 하워스의 교회에 목사로 부임해 온 것입니다. 샬롯의 형제들은 목사관에서 부모님과 함께 살았습니다.

하워스는 햇볕이 적고 습기가 많은 황무지여서 폐병을 앓는 사람이 많았습니다. 더욱이 1855년까지는 하수도 시설조차 없어 장티푸스, 콜레라 등 전염병이 유행했습니다.

어린 아이는 열 명 가운데 네다섯 명이 여섯 달 전에 죽어 이곳 마을 사람들은 평균 수명이 25~28세에 불과했습니다. 이런 환경 때문이었는지 샬롯의 어머니가 하워스로 온 이듬해에 세상을 떠났습니다.

그때 샬롯의 형제들은 아직 어렸습니다. 큰언니 마리아가 겨우 열 살이고, 둘째 언니 엘리자베스가 여덟 살이었습니다. 셋째인 샬롯이 여섯 살, 그 밑으로 한 살 아래인 남동생 브랜월과 네 살인 에밀리, 두 살인 앤이 있었습니다.

교회 일로 바쁜 아버지 혼자 많은 아이들을 키울 수 없었습니다. 그래서 아버지는 콘월 지방에 사는 이모 엘리자베스를 불러 아이들을 돌보게 했습니다.

　아이들은 늘 자기들끼리 어울려 놀았습니다. 목사관 뒤에는 황무지 벌판이 있었는데, 그곳에서 뛰어 놀았습니다. 그리고 집에서는 한자리에 모여 앉아 책을 읽거나 이야기를 주고받았습니다.

　하루는 아버지가 시내에 나갔다가 상자를 들고 집으로 돌아왔습니다.

　"브랜월, 선물이다."

　"야호, 신난다!"

　브랜월은 좋아서 어쩔 줄을 몰랐습니다. 상자를 열어 보니 모자를 쓴 꼬마 병정 나무인형들이 들어 있었습니다.

　여자 형제들이 나무인형을 보고 한 마디씩 했습니다.

　"와아, 멋지다. 금방이라도 뚜벅뚜벅 걸을 것 같아."

　"대장부터 졸병까지 다 있네. 어깨에 별을 달고 있는 애가 대장인가 봐."

　"우리 이 나무인형을 하나씩 나누어 가질까? 그래서 이야기를 지어 꼬마 병정들로 연극을 하는 거야."

　"좋은 생각이다. 아주 재미있는 놀이가 되겠는걸."

　샬롯과 형제들은 머리를 맞대고 꼬마 병정이 나오는 여러 가지 이야기를 만들었습니다. 그러고는 백지에 깨알 같은 글씨로 그 이야기들을 옮겨 적었습니다.

상상력을 발휘하여 그럴싸하게 이야기를 만드는 재주는 샬롯과 에밀리가 단연 뛰어났습니다. 샬롯은 뒷날 이때의 일을 이렇게 회상했습니다.

> 어린 시절에 우리는 여러 가지 이야기를 만들었다. 그 즐거움은 여간 크지 않았다.

샬롯, 에밀리, 앤 세 자매는 이때부터 이야기를 만드는 즐거움을 알았습니다. 누가 시키지 않아도 혼자서 글을 끄적이게 되었고, 나중에는 작가가 될 수 있었습니다.

1823년, 아버지는 큰딸 마리아와 둘째 딸 엘리자베스가 12세, 10세가 되자 학교에 보냈습니다. 가난한 성직자의 딸들을 위한 학교로, 랭커셔 커크비론즈데일 근처의 코원브리지에 있었습니다.

다음 해에는 샬롯과 에밀리가 그 학교에 입학했습니다. 학교는 규율이 엄했습니다. 새벽 6시에 일어나면 얼음처럼 차가운 방에서 1시간 30분 동안 기도를 해야 했습니다. 그리고 아침 식사를 하고 나면 온종일 수업을 받고 하루에도 몇 번씩 기도를 해야 했습니다. 만약에 규율을 어기면 난리가 났습니다. 참회의 벌이라고 해서 종아리가 터지도록 회초리를 맞아야 했습니다.

기숙사 음식은 형편없었습니다. 두 번 다시 먹고 싶지 않을 만큼 맛이 없었습니다. 게다가 위생 상태가 얼마나 나쁜지 학생들은 걸핏하면 식중독을 일으켰습니다.

학교에서는 학생이 아파도 집에 연락하지 않았습니다. 귀찮고 번거로워서였습니다. 1825년, 학교에는 전염병이 돌았습니다.

몸이 약한 마리아와 엘리자베스는 전염병에 걸리고 말았습니다. 마리아는 열병, 엘리자베스는 폐렴을 앓아 집으로 돌아왔습니다. 그러고는 마리아는 그 해 5월에, 엘리자베스는 그로부터 5주 뒤에 숨을 거두고 말았습니다.

아버지는 학교에 남은 샬롯과 에밀리도 병에 걸리지 않을까 걱정되었습니다. 그래서 얼마 뒤에 두 딸을 집으로 데려왔습니다.

브론테 자매들이 학교에 있을 때, 기숙사에 있는 학생은 모두 53명이었습니다. 그 가운데 한 명은 학교에서 세상을 떠났으며, 열한 명은 병에 걸려 학교를 중퇴했습니다. 마리아, 엘리자베스 등 죽을병에 걸린 여섯 사람은 집에 가서 숨을 거두었습니다.

샬롯은 학교에서 겪은 끔찍한 경험을 잊을 수가 없었습니다. 그는 뒷날 〈제인 에어〉에 이 학교를 '로드 학교'로 바꾸어 그때 겪은 일을 그대로 담았습니다.

두 언니의 죽음으로 샬롯은 이제 맏이가 되었습니다. 그는 동생들을 돌보며 열심히 글을 썼습니다.

'나는 결혼도 하지 않고 평생 글만 쓸 거야.'

열두 살에 이런 결심을 한 샬롯이었습니다. 그는 손바닥만 한 종이에 깨알 같은 글씨로 자신의 이야기책을 엮었습니다. 이렇게 해서 한 해 동안 쓴 책이 열여덟 권이었습니다.

1831년 샬롯은 로우 헤드 학교에 들어갔습니다. 이 학교는 마가렛 울러가 세운 사설 학원이었습니다. 샬롯은 여기서 수학, 지리, 문법, 작문 등을 배웠습니다.

샬롯이 뛰어난 재능을 보인 과목은 작문이었습니다. 그 자리에서 척척 무슨 글이든 써내는 것이었습니다.

"대단하구나. 글솜씨가 보통이 아닌걸."

선생님이 놀라는 표정을 짓자 샬롯은 빙그레 웃으며 말했습니다.

"선생님, 저는 날마다 집에서 글을 쓰며 지냈어요. 1년에 몇 권이나 썼는지 아세요? 무려 열여덟 권이에요."

샬롯은 학교에서 이야기꾼으로 소문이 났습니다. 기숙사에서 밤마다 친구들에게 자신이 지은 이야기를 들려주었는데, 친구들은 그 이야기에 깊이 빠져들었습니다. 어느 날 밤에는 몽유병자가 돌아다니는 이야기를 들려주었습니다.

"몽유병자는 높은 성벽을 기어올라, 흔들리는 탑 위를 걸어 다니기 시작했단다. 만약에 발을 헛디디면 아래로 추락하여 몸이 가루가 되어 버리지……."

샬롯의 이야기는 오싹 소름이 돋을 만큼 무시무시했습니다. 모두들 공포에 질려 그날 밤 화장실에 간 친구는 아무도 없었습니다.

1832년 동생들을 가르치러 집으로 돌아온 샬롯은, 1835년 로우 헤드 학교에 교사로 취직했습니다. 그리고 3년 동안 학생들을 가르쳤습니다.

그러나 가르치는 일은 샬롯에게 맞지 않았습니다. 지루하고 따분하기만 했습니다. 그래서 그는 교사를 그만두고 집으로 돌아왔습니다.

샬롯 브론테는 집에서 글만 쓰고 싶었지만 집안 형편이 어려워 할 수 없이 얼마 동안 가정 교사 노릇을 했습니다.

그 무렵 샬롯 브론테는 자신이 쓴 시 몇 편을 로버트 사우디라는 유명한 시인에게 보냈습니다. 자신의 재능이 어느 정도인지 알아보고 싶어서였습니다.

얼마 뒤 시인으로부터 답장이 왔습니다.

문학은 여자가 할 수 있는 일이 아니에요. 아니, 여자가 해서는 안 되는 일이지요.

샬롯 브론테는 어이가 없었습니다.

'여자는 글을 쓰면 안 된다니, 이 무슨 차별인가? 문학이 꼭 남자만 해야 할 일인가?'

샬롯 브론테는 소설을 써서 워즈워드라는 유명한 시인에게 보냈습니다. 그런데 답장은 지난번보다 더 가혹했습니다.

소설이 참 형편없군요. 공증인 사무소 직원이 썼는지, 정신이 왔다 갔다 하는 식모가 썼는지 도저히 읽지 못할 수준입니다.

샬롯 브론테는 답장을 읽고 절망을 느꼈습니다.
'나는 문학에 재능이 없는가? 이 정도 수준의 작품이라면 차라리 붓을 꺾는 게 낫겠다.'
이런 생각이 들어 한동안 글을 쓰지 않았습니다.
1842년 2월, 샬롯 브론테가 에밀리 브론테에게 말했습니다.
"에밀리, 너도 가정 교사 노릇을 하느라 고달프지? 차라리 우리끼리 이곳에 학교를 세울까?"
"그래, 좋아. 남의 집에 들어가 하녀처럼 지내는 것보다 그게 낫겠다."
"학교를 세우려면 실력을 쌓아야 해. 우리는 프랑스어와 독일어 실력이 부족하니 벨기에의 브뤼셀로 프랑스어와 독일어를 배우러 가자."
브론테 자매는 학교를 세우기로 하고, 벨기에의 수도 브뤼셀로 유학을 떠났습니다.

두 사람이 들어간 학교는 콘스탄틴 에제가 운영하는 기숙학교였습니다.

샬롯 브론테는 에제 교수가 마음에 끌렸습니다. 날이 갈수록 그에게 빠져들었습니다.

하지만 에제는 부인이 있는 사람이었습니다. 샬롯 브론테는 1844년까지 사랑의 열병을 앓다가 짝사랑을 끝냈습니다.

집으로 돌아온 샬롯 브론테는 학교를 세우려는 계획을 접어 버렸습니다. 산골 마을까지 배우러 오겠다는 학생이 한 사람도 없어서였습니다.

그 대신 샬롯 브론테는 새로운 일을 꾸몄습니다. 그것은 동생인 에밀리, 앤과 함께 세 자매가 시집을 묶어 내는 일이었습니다. 1846년 5월, 브론테 자매는 〈커러, 앨리스, 액튼 벨의 시집〉을 펴냈습니다. 커러, 앨리스, 액튼 벨이라는 가명을 쓴 데는 이유가 있었습니다. 본명을 썼다가는 여자들의 작품이라고 가혹한 비평을 받을 것 같아 일부러 남자 이름으로 시집을 낸 것입니다.

그러나 시집 출간은 완전히 실패였습니다. 평론가들에게 전혀 관심을 끌지 못했으며, 독자들에게 팔린 것도 단 두 권뿐이었습니다. 그러나 세 자매는 실망하지 않았습니다. 저마다 소설을 쓰고 있었기에 반드시 빛을 볼 날이 있으리라 생각한 것입니다.

세 자매는 스미스엘더 출판사 사장에게 편지를 써 보냈습니다.

커러, 앨리스, 액튼 벨, 이 세 사람은 제각기 소설을 쓰고 있습니다. 이 소설들을 한 권으로 묶든, 각각 한 권씩 내든 당신 마음대로 하십시오.

그때 샬롯 브론테는 장편 〈교수〉를 끝내고 〈제인 에어〉를 쓰고 있었습니다. 그리고 에밀리 브론테는 〈폭풍의 언덕〉, 앤 브론테는 〈애그니스 그레이〉를 쓰고 있었습니다.

출판사에서는 〈교수〉보다 〈제인 에어〉에 더 관심을 보였습니다. 〈제인 에어〉는 고아로 자란 제인 에어가 온갖 역경을 이겨내고 자신이 가정 교사로 들어간 집의 주인 남자와 결혼하기까지의 이야기입니다. 아주 감동적이고 재미있어 한번 읽기 시작하면 원고에서 눈을 뗄 수 없었습니다.

1847년 10월, 〈제인 에어〉는 스미스엘더 출판사에서 출판되었습니다. 이 소설은 독자들에게 큰 인기를 끌었습니다. 당시 인기 소설이었던 새커리의 〈허영의 시장〉과 더불어 불티나게 팔려 나갔습니다.

샬롯 브론테는 뒤이어 〈셜리〉(1849), 〈빌레트〉(1853) 등의 소설을 발표했습니다.

1847년 12월, 에밀리 브론테의 〈폭풍의 언덕〉과 앤 브론테의 〈애그니스 그레이〉도 출판되었습니다. 그러나 〈제인 에어〉만큼 독자들에게 인기를 끌지는 못했습니다. 〈폭풍의 언덕〉이 19세기 영국의 대표적인 문학 작품으로 평가받게 된 것은 에밀리 브론테가 세상을 떠난 뒤입니다.

샬롯 브론테는 작가로 성공했지만 불행은 끊이지 않았습니다. 1848년 9월, 남동생 브랜월이 폐병으로 죽더니, 석 달 뒤에는 에밀리 브론테도 폐병으로 그 뒤를 따랐습니다. 그리고 이듬해 5월에는 막내 앤 브론테가 역시 폐병으로 죽었습니다.

이제 남은 것은 아버지와 샬롯 브론테였습니다. 그러나 샬롯 브론테도 오래 살지 못했습니다. 1854년 39세로 아버지 교회의 부목사를 지낸 아서 벨 니콜스와 결혼한 그는 이듬해 3월 31일, 폐병으로 눈을 감은 것입니다. 결혼한 지 겨우 아홉 달이 지난 뒤였습니다.

1893년, 브론테 자매의 작품을 사랑하는 사람들이 '브론테 애호가 협회'를 만들었습니다. 이 협회 회원들은 2천여 명에 이르는데, 영국의 문학 애호가 협회 가운데 가장 오래되었다고 합니다. 브론테 자매가 살던 하워스 마을의 교회 목사관은 브론테 기념관이 되었습니다. 지금도 이 기념관에는 한 해에 20만 명이 넘는 사람들이 찾아오고 있답니다.

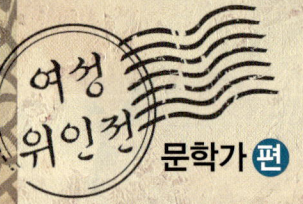

영국이 낳은 최고의 작가
버지니아 울프

1882~1941, 유명한 철학자이자 비평가인 아버지의 영향을 받아 어려서부터 많은 책을 읽고 작가의 꿈을 키워 왔다. 1904년 오빠의 케임브리지 대학 친구들과 '블룸즈베리 그룹'을 만들어 활동했다. 이때 만난 문예 평론가 레오날드 울프와 1912년 결혼했으며, 1915년 장편 소설 〈항해〉를 발표함으로써 작품 활동을 시작했다. 그 후 〈밤과 낮〉, 〈제이콥의 방〉, 〈댈러웨이 부인〉, 〈등대로〉 등 뛰어난 작품을 잇달아 발표하여 주목받는 작가가 되었다. 1941년 3월 28일, 정신병이 악화되어 우즈 강에 뛰어들어 스스로 목숨을 끊었다.

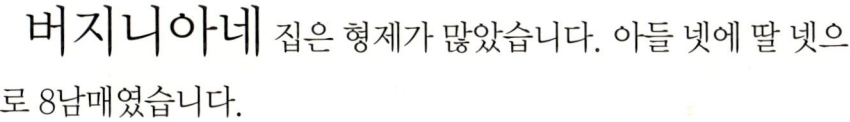

버지니아네 집은 형제가 많았습니다. 아들 넷에 딸 넷으로 8남매였습니다.

그러나 버지니아는 언니 버네서와 오빠 토비, 그리고 남동생 에드리언과 친형제이고, 나머지 형제는 어머니나 아버지가 달랐습니다. 버지니아의 아버지 레슬리 스티븐과 어머니 줄리아 프린셉이 저마다 배우자를 여읜 뒤 두 번째 결혼을 했기 때문입니다.

버지니아는 다른 형제와도 사이좋게 지냈지만 친형제와는 아주 친하게 지냈습니다. 어려서는 하루 종일 붙어 다니며 놀았습니다.

버지니아의 형제는 잠자리에 드는 밤 시간을 무척 기다렸습니다. 버지니아가 재미있는 이야기를 들려주기 때문입니다.

"버지니아, 오늘 밤에도 이야기를 해 줘. 우리 말을 듣지 않으면 밤새도록 잠도 못 자게 괴롭힐 거야."

오빠 토비는 버지니아를 협박하기까지 했습니다. 그러면 버지니아는 아무리 피곤해도 이야기를 들려주어야 했습니다.

버지니아는 이야기를 짓는 데는 남다른 재주가 있었습니다. 버지니아가 형제들에게 해 주는 이야기는 모두 그가 만들어 낸 이야기였습니다.

버지니아는 어려서부터 작가가 되는 것이 꿈이었습니다.

'아버지는 유명한 철학자이자 비평가이지만 나는 이다음에 훌륭한 작가가 되겠어. 사람들에게 감동을 주는 좋은 작품을 많이 쓸 거야.'

버지니아의 아버지가 비평가로 활동하기 때문에, 그의 집에는 이름난 작가들이 드나들었습니다. 이들은 한자리에 모이면 문학 작품에 대해 열띤 토론을 벌였습니다. 버지니아는 어깨 너머로 그 모습을 지켜보며 작가의 꿈을 키울 수 있었습니다.

버지니아에게 교육을 시킨 것은 아버지였습니다. 아버지는 책이 산더미같이 쌓인 서재에서 버지니아에게 많은 책을 읽히고, 반드시 독서 토론을 했습니다. 아버지가 버지니아에게 가르친 것은 글쓰기가 아니라 글을 제대로 읽고 감상하는 법이었습니다. 그래서 버지니아는 아버지를 통해 학문과 예술에 눈뜰 수 있었습니다.

버지니아가 어른이 되어서도 잊지 못한 것은 영국 시에 대한 아

버지의 독특한 감상법이었습니다. 아버지는 서재에서 어린 버지니아를 앞에 앉혀 놓고, 의자 깊숙이 기대 앉아 눈을 지그시 감은 채 테니슨이나 워즈워드의 시를 외웠습니다. 그러고는 꼭 그 시에 대한 느낌이나 생각, 지식 등을 빼놓지 않고 말했습니다. 그러다 보니 큰 공부가 되었습니다.

버지니아는 뒷날 이 시절의 이야기를 이렇게 털어놓았습니다.

아버지는 자주 내게 당시 뛰어난 시인들의 시를 들려주셨다. 적은 것을 보지 않고 입으로 외워서.
그럴 때는 시만 들려주시지 않고, 당신의 느낌과 당신이 아는 모든 것을 내게 들려주셨다.
어린 시절 이런 과정을 거치고 나니, 나는 영국 시를 대하면 가장 먼저 아버지 얼굴이 떠오른다. 그리고 그 시들을 읊는 아버지의 목소리가 들린다. 그다음엔 아버지의 문학적 신념과 가르침이 이어진다.

버지니아는 아버지의 큰 서재에서 수많은 책을 읽었습니다. 나중에는 책에 대해 욕심이 나서 런던 도서관이나 대영 도서관까지 찾아가 미친 듯이 책을 읽었습니다.
버지니아는 이처럼 학문과 예술에 대한 재능과 지식을 갖추었지만 대학에서 공부할 수 없었습니다. 당시 영국의 옥스퍼드나 케임브리지 대학에서는 여성의 입학을 받아들이지 않았기 때문입니다.
그때는 여성이 학교에 다니는 것보다 부인으로서 갖추어야 할 것을 먼저 배워야 한다고 여겨지던 시대였습니다. 따라서 그가 배운 것은 여성으로서의 예의범절이나 사교 춤, 승마, 그림, 노래, 악기 등이었습니다.

버지니아의 남자 형제들은 남자라는 이유로 학교 교육을 충분히 받았습니다. 하지만 버지니아는 여자라는 이유로 학교 문턱도 밟아 보지 못했습니다. 버지니아는 이런 점이 늘 불만이었습니다.

그래서 나중에 작가가 되었을 때는 여성 차별과 남성 중심주의를, 작품을 통해 신랄하게 비판하기도 했습니다. 1929년 발표한 수필집 〈자기만의 방〉에서는 여학생들을 받아들이지 않는 이름난 대학들을 비판하고 다음과 같은 유명한 말을 남겼습니다.

여성이 작가가 되려면 자기만의 방이 있어야 한다. 그리고 1년에 500파운드의 수입이 있어야 한다.

남성들에게 억눌리고 무시당하며 살아온 여성은 작가가 되는 것조차 그만큼 어렵다는 것입니다.

버지니아는 성 차별을 하는 대학들을 끔찍이 싫어했습니다. 그래서 유명 작가가 되었을 때는 케임브리지 대학에서 강연 요청이 와도 그 자리에서 거절했습니다. 또한 맨체스터 대학, 리버풀 대학 등에서 주겠다는 명예 박사 학위도 모조리 거절했습니다.

1895년 버지니아의 어머니가 돌림감기로 갑작스레 세상을 떠났습니다. 버지니아는 큰 충격을 받았습니다. 그는 한동안 절망에 빠져 지냈는데, 그 당시 일을 뒷날 이렇게 회상했습니다.

> 어머니의 죽음은 세상에서 가장 끔찍한 재앙이자 가장 큰 비극이었다. ……우리 집은 먹구름으로 뒤덮였고, 즐거운 가정 생활은 영원히 끝나 버렸다.

버지니아의 집에 드리운 불행의 먹구름은 걷히지 않았습니다. 1897년 시집간 지 얼마 안 된 배다른 언니 스텔라가 복막염으로 죽더니, 1904년에는 아버지가 암으로 숨을 거두었습니다. 버지니아는 계속되는 불행에 정신을 차릴 수 없었습니다. 그는 너무나 큰 충격을 받은 나머지, 이때부터 정신병을 앓게 되었습니다.

1904년 버지니아의 4형제는 블룸즈베리의 북쪽 마을 골든 스퀘어로 이사했습니다. 블룸즈베리는 가난한 지식인과 예술가들이 많이 사는 고장이었습니다. 공기도 맑고 조용해서 좋았습니다.

버지니아의 형제가 사는 집에는 오빠 토비의 케임브리지 대학 친구들이 자주 드나들었습니다. 나중에 경제학자로 유명해지는 존 메이나드 케인즈를 비롯하여 전기 작가 리튼 스트라치, 소설가 E. M. 포스터, 화가이자 미술 평론가 클리브 벨, 문학 비평가 로저 프라이·던컨 그랜트, 음악가 시드니 색슨 터너 등이 그들입니다.

이들은 모임을 만들어 문학과 철학과 예술에 대해 활발한 토론을 벌였는데, 이 모임이 유명한 '블룸즈베리 그룹'입니다.

버지니아와 버네서 자매도 이 모임에 가담하여 토론에 참여했습니다. 모임은 버지니아의 집에서 매주 목요일 저녁에 열렸습니다. 버지니아는 식사 준비로 바쁘긴 했지만, 젊은 지식인, 예술가들과 이야기를 나누는 것이 즐거웠습니다.

이 무렵 버지니아의 집안에는 또 불행한 일이 생겼습니다. 1905년 3월 버지니아는 형제들과 유럽 여행을 떠났는데, 11월 20일 오빠 토비가 장질부사에 걸려 목숨을 잃은 것입니다. 이 일은 버지니아에게 커다란 슬픔을 주었습니다.

1907년 언니 버네서의 결혼으로 버지니아는 남동생 에드리언과 단둘이 살게 되었습니다. 이들은 살던 집을 언니에게 넘기고 근처에 있는 피츠로이 스퀘어로 이사했습니다.

버지니아는 1908년부터 첫 소설 〈항해〉를 쓰기 시작했습니다. 이 소설은 7년 만에 완성되어 1915년에 출판되었습니다.

오빠 토비가 죽은 뒤에는 남동생 에드리언이 블룸즈베리 그룹에 가담했습니다. 한 마을에 케인즈, 던컨 그랜트 등이 살아, 자주 만나 이야기를 하고 모임을 가질 수 있었습니다.

1910년 2월 10일, 블룸즈베리 그룹 회원들은 하루아침에 유명해졌습니다. 모두들 그럴 듯하게 변장하고 한바탕 연극을 벌여 세상을 깜짝 놀라게 했기 때문입니다. 이 일은 신문에 실려 한동안 영국 사회를 들끓게 했습니다.

연극을 이끈 것은 버지니아였습니다. 그는 에티오피아 황제의 이름으로 영국 해군 사령관 앞으로 가짜 전보를 보냈습니다. 에티오피아 황제가 수행원을 데리고 영국 함대가 자랑하는 전함 '드레드노트 호'를 타러 가겠다는 내용이었습니다.

버지니아는 머리에 터번을 쓰고 턱과 코에 가짜 수염을 붙였습니다. 얼굴은 검게 칠하고 화려한 황제 옷을 입었습니다. 수행원으로 위장한 블룸즈베리 그룹 회원들은 똑같이 변장을 하고 버지니아와 전함 드레드노트 호를 방문했습니다.

영국 해군 사령부에서는 깜빡 속아 넘어갔습니다. 해군 고위 관리들은 진짜 에티오피아 황제 일행이 온 줄 알고 접대를 하느라 진땀을 흘렸습니다. 버지니아는 갑판에 해군 장병들을 모아 놓고 연설을 하기도 했습니다. 나중에 이 일이 연극으로 밝혀지자 영국 해군 사령부에서는 분하여 어쩔 줄을 몰랐습니다.

"못된 친구들 같으니. 우리를 한바탕 놀려먹어?"

버지니아는 이처럼 여럿이 있을 때는 장난기도 많고 우스갯소리도 잘했습니다. 그렇지만 혼자 있을 때는 사람이 달라진 듯 우울하게 지냈습니다.

1912년 버지니아는 문예 평론가인 레오날드 울프와 결혼했습니다. 이후 그는 남편 성을 따라 버지니아 울프가 되었습니다.

레오날드는 버지니아 울프의 충실한 보호자요 동반자였습니다. 그는 29년을 함께 살며 버지니아가 좋은 소설을 쓰도록 헌신적인 뒷바라지를 했습니다.

버지니아 울프는 장편 〈항해〉(1915)로 작품 활동을 시작했습니다. 그 후 〈밤과 낮〉(1919), 〈제이콥의 방〉(1922), 〈댈러웨이 부인〉(1925), 〈등대로〉(1927) 등을 잇달아 발표했습니다. 그리고 친구 S. 웨스트의 전기 〈올랜도〉(1928)와 수필집 〈자기만의 방〉(1929)을 출판했습니다. 또한 1931년 〈파도〉 이후 소설을 다시 쓰기 시작해 〈세월〉(1937), 〈막간〉(1941) 등의 작품을 발표했습니다.

버지니아 울프는 1917년 남편과 호가스 출판사를 차려 자신의 책은 물론, T. S. 엘리어트의 시집을 비롯한 이름난 현대 작가들의 작품집을 출판하기도 했습니다.

버지니아 울프는 오랫동안 정신병을 앓았습니다. 그러나 그런 상태에서도 자상한 남편 덕분에 그는 계속 작품을 쓸 수 있었습니다. 남편은 아내의 건강을 위해 날마다 몸무게를 재어 일일이 기록했다고 합니다.

하지만 버지니아 울프의 건강은 점점 나빠졌습니다. 그러다 제2차 세계 대전 중인 1941년엔 극심한 불안에 사로잡혔습니다.

'독일군이 내가 살고 있는 영국으로 쳐들어올지도 몰라.'
이런 생각은 그를 공포로 몰아넣었습니다.
1941년 3월 28일 아침, 버지니아 울프는 책상 앞에 앉아 편지를 썼습니다.

> 여보, 나는 다시 미쳐 가고 있어요. 이번에는 정말 건강을 회복하기 틀렸어요. 무슨 말소리가 자꾸 귀에 들려요. 그래서 집중하여 글을 쓸 수 없어요.
>
> 나는 평생 당신 덕분에 행복했어요. 당신은 정성을 다해 나를 보살펴 주었고, 항상 나를 자비롭게 대해 주었어요.
>
> 당신은 너무도 착한 남편이에요. 이제는 당신을 더 이상 괴롭히고 싶지 않아요. 당신 인생을 망치고 싶지 않다고요.
>
> 이 세상에 우리보다 행복했던 사람은 또 없겠죠?
>
> – 당신의 버지니아

이 편지는 버지니아 울프가 남긴 유서였습니다. 버지니아 울프는 외투를 입고 지팡이를 쥔 채 몰래 집을 빠져 나왔습니다.

집 가까이에는 우즈 강이 있었습니다. 버지니아 울프는 외투 주머니에 돌멩이를 잔뜩 집어넣었습니다. 그러고는 천천히 강물 속으로 걸어 들어갔습니다.

　버지니아 울프의 시신이 발견된 것은 그로부터 3주일 뒤였습니다. 그의 외투 주머니에는 여전히 돌멩이들이 가득했습니다.
　우리나라의 시인 박인환은 버지니아 울프를 그리며 〈목마와 숙녀〉라는 시를 썼습니다.

　　한 잔의 술을 마시고
　　우리는 버지니아 울프의 생애와
　　목마를 타고 떠난 숙녀의 옷자락을 이야기한다.
　　목마는 주인을 버리고 그저 방울 소리만 울리며
　　가을 속으로 떠났다. 술병에서 별이 떨어진다.

상심한 별은 내 가슴에 가벼웁게 부숴진다.
그러한 잠시 내가 알던 소녀는
정원의 초목 옆에서 자라고
문학이 죽고 인생이 죽고
사랑의 진리마저 애증의 그림자를 버릴 때
목마를 탄 사랑의 사람은 보이지 않는다.
……

버지니아 울프

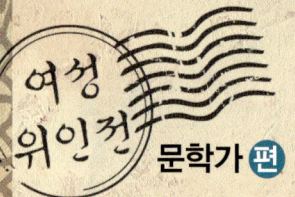

동양을 사랑한 〈대지〉의 작가

펄 벅

1892~1973. 미국 웨스트버지니아 주의 힐스보로에서 태어나 선교사인 부모를 따라 중국으로 가서 어린 시절을 보냈다. 1914년 미국의 랜돌프 메이콘 여자 대학을 졸업한 뒤 중국으로 돌아와 학생들을 가르치다가 1917년 존 로싱 벅 박사를 만나 결혼했다. 1930년 첫 번째 소설 〈동풍, 서풍〉을 출간했고 1931년 〈대지〉를 발표함으로써 세계적인 작가가 되었다. 1932년 이 소설로 퓰리처상을 받고, 뒤에 〈아들들〉, 〈분열된 일가〉 등 속편을 내어 〈대지〉 3부작으로 1938년 노벨 문학상을 받았다. 제2차 세계 대전 후에는 펄 벅 재단을 만들어 사회 활동을 활발하게 했다. 대표 작품으로는 〈대지〉 3부작이 있다.

코가 오똑하고 눈이 푸른 여자아이가 집을 향해 가고 있었습니다. 여자아이는 비단옷을 입고 있었습니다. 넓은 공터에 이르렀을 때, 거기서 놀던 중국 아이들이 여자아이에게 소리쳤습니다.

"서양 도깨비야, 어디 가니?"

중국 아이들은 여자아이를 손가락질하며 깔깔대고 웃었습니다. 아이들에게 놀림을 받은 여자아이는 눈물이 찔끔 나왔습니다. 원통하고 슬프기까지 했습니다. 한 걸음에 집으로 달려온 여자아이는 어머니를 보자 울음을 터뜨렸습니다.

"엄마, 아이들이 나를 서양 도깨비라고 놀려. 왜 모두 나를 싫어하고 미워하는 거야?"

하소연을 들은 어머니는 한동안 말이 없었습니다. 그러다가 딸아이가 울음을 그치자 조용히 말했습니다.

펄 벅

"우리가 살고 있는 중국은 땅덩어리가 어마어마하게 큰 나라란다. 인구도 세계에서 가장 많지. 하지만 중국 사람들은 무척 어렵게 살고 있어. 흉년이라도 들면 굶어 죽는 사람도 수없이 많고……. 그렇지만 서양의 여러 나라는 중국을 집어삼키려고 벌 떼처럼 달려들고 있단다. 중국이 워낙 큰데다가 땅 속에는 엄청난 지하자원이 묻혀 있으니까. 그래서 중국 사람들은 자기 나라를 빼앗으려는 서양에서 온 백인들을 아주 싫어하고 미워하는 거야."

여자아이는 어머니의 말을 듣고서야 중국 아이들이 왜 자기를 싫어하고 미워하는지 이해할 수 있었습니다.

'중국 아이들이 나를 어떻게 생각하든 나는 그들을 사랑으로 대할 거야. 그 아이들은 내 소중한 친구들이야.'

여자아이는 눈물을 훔치며 이렇게 다짐했습니다. 이처럼 착한 마음씨를 지닌 아이가 뒤에 중국 사람들의 생활을 그린 소설 〈대지〉를 써서 노벨 문학상을 받게 되는 작가 펄 벅입니다.

펄 벅은 1892년 미국 웨스트버지니아 주의 힐스보로에서 태어났습니다. 아버지 엡살름 사이텐스티키와 어머니 캐롤라인은 하느님의 복음을 전하는 선교사 부부였습니다. 그래서 펄은 태어난 지 석 달 만에 부모님을 따라 중국으로 와서 어린 시절을 보냈습니다.

펄이 살았던 곳은 양자 강 중류 진강이었습니다. 이 지역은 기후가 따뜻해 농사가 잘 되었습니다.

가뭄이 심했던 어느 해 여름이었습니다.

하루는 캐롤라인이 집에 있는데 바깥이 소란스러워졌습니다.

'무슨 일이지? 동네 사람들이 우리 집 앞에 모여 있네.'

캐롤라인은 집안일을 돕는 중국인 하녀인 왕 노파를 불러 밖에 무슨 일이 있는지 알아오라고 했습니다.

잠시 뒤 왕 노파가 얼굴이 하얗게 되어 돌아왔습니다.

"마님, 큰일 났습니다. 동네 사람들이 마님네 가족을 모조리 죽이겠대요. 서양 오랑캐 때문에 신이 노하여 비를 내리지 않는다나요. 그래서 오늘 밤 자정에 마님네 가족을 죽여 신의 노여움을 푸는 제사를 지내겠대요. 그러니 어서 몸을 피하십시오."

그러나 캐롤라인은 조금도 놀라지 않았습니다.

"몸을 피하지 않아도 돼요. 사람이 죽고 사는 것은 하느님의 손에 달려 있는걸요. 나는 먼저 하느님께 기도를 드리겠어요."

캐롤라인은 자기 방에서 한참 기도를 드렸습니다. 그러고는 밤이 되자 청소를 하고 음식을 준비했습니다.

캐롤라인은 아이들에게 새 옷을 입혔습니다. 방 안 식탁에는 맛있는 음식을 잔뜩 차리고 대문과 방문을 활짝 열어 놓았습니다. 준비를 마치니 어느새 자정이 되었습니다.

동네 사람들은 손에 몽둥이를 들고 펄의 집에 들이닥쳤습니다. 그러나 캐롤라인은 미리 대문 앞에 서 있다가 동네 사람들을 웃으며 맞이했습니다.

"어서 오세요. 여러분을 위해 차와 음식을 준비해 놓았답니다. 안으로 드시지요."

동네 사람들은 어안이 벙벙했습니다.

"별일이군. 우리가 무섭지도 않나?"

이렇게 중얼거리는 사람도 있었습니다. 캐롤라인은 이 말을 들었습니다.

"무섭지 않아요. 우리는 한 동네에 살고 있는걸요."

캐롤라인은 동네 사람들을 모두 방 안으로 안내하고는 오르간 앞에 앉았습니다. 그러고는 오르간을 치며 중국말로 찬송가를 불렀습니다.

> 빈 들에 마른 풀같이 시든 나의 영혼
> 주님의 허락한 성령 간절히 기다리네.
> 가물어 메마른 땅에 단비를 내리시듯
> 성령의 단비를 부어 새 생명 주옵소서.

동네 사람들은 조용히 찬송가를 들었습니다.

이윽고 캐롤라인이 찬송가를 끝내자 한 사람이 일어서며 말했습니다.

"나는 돌아가겠어요. 이 집에는 여자와 아이들밖에 없잖아요."

그 사람은 망설이지 않고 그 집에서 나와 버렸습니다.

"나도 가야겠어요."

동네 사람들은 너도 나도 일어서서 밖으로 나갔습니다. 그 자리에 남아 있는 사람은 아무도 없었습니다.

동네 사람들이 모두 돌아가자 캐롤라인은 자기 방에서 밤새도록 기도했습니다.

"하느님, 몇 달째 비가 내리지 않아 농부들이 크게 근심하고 있습니다. 제발 가물어 메마른 땅에 단비를 내려 주십시오."

캐롤라인의 간절한 기도는 곧바로 응답이 왔습니다. 새벽에 장대 같은 비가 쏟아져 내렸던 것입니다.

펄의 어머니는 선교사의 아내로서 중국 사람들을 누구보다 이해하고 사랑했습니다. 그래서 어머니 주위에는 어려운 형편에 있는 많은 중국인들이 몰려들었습니다. 어머니는 이들의 이야기에 귀를 기울이고 이들을 위로하며 앞장서서 도와주었습니다.

펄은 자신의 어머니에 대해 이렇게 말했습니다.

"어머니가 소설을 썼다면 나보다 잘 썼을 겁니다. 어머니는 중국 사람들의 생활을 속속들이 다 알고 있으니까요. 쓰기로 마음먹었다면 아마 중국에 관한 소설을 스무 권쯤 썼을 거예요."

펄은 어린 시절, 이런 어머니를 보며 중국적인 환경 속에서 자라났습니다. 영어보다 중국어를 먼저 배웠을 정도였습니다.

펄의 친구는 모두 중국 아이들이었습니다. 중국 아이들은 처음에는 서양 도깨비라고 놀리며 펄을 멀리했습니다. 하지만 펄은 마음을 활짝 열고 중국 아이들을 진심으로 대했습니다. 그러자 중국 아이들도 닫혔던 마음을 열고 펄의 친구가 되었습니다.

펄이 중국 아이의 집에 초대받아 갔을 때의 일입니다.

친구 어머니가 찐 감자를 내놓자, 펄은 찐 감자를 먹기 전에 고개를 숙인 채 기도했습니다.

펄이 눈을 뜨자 친구가 물었습니다.

"너 지금 감자한테 절을 한 거니?"

"아니. 감자를 감사히 잘 먹겠다고 하느님께 기도했어."

펄은 감자한테 절을 했냐는 친구의 질문이 너무 재미있었습니다. 그래서 감자를 먹다 말고 키득키득 웃었습니다.

중국 친구와는 이처럼 재미있는 일도 있었지만 슬픈 일도 있었습니다.

가뭄과 홍수가 번갈아 들어 온 마을이 굶주림에 시달릴 때의 일입니다. 펄은 농사짓는 친구 집을 찾아갔다가 눈이 휘둥그레졌습니다. 친구가 대문 앞에 주저앉아 엉엉 울고 있었기 때문입니다.

"왜 우니? 집에 무슨 일이 있니?"

펄이 놀라서 묻자 친구는 울음 섞인 소리로 대답했습니다.

"어쩌면 좋니? 나, 내일 종으로 팔려가. 온 가족이 굶어 죽을 형편이라고, 부모님이 나를 부잣집에 팔았단다."

펄의 눈에도 눈물이 고였습니다.

"그랬구나. 이제 헤어지면 영영 못 만나겠지?"

"펄!"

두 아이는 부둥켜안고 서럽게 울었습니다. 펄은 정든 친구와 헤어지는 것이 슬펐습니다. 그리고 자식을 팔아서 양식을 얻어야 하는 가난한 농민들의 현실이 가슴 아팠습니다.

펄은 아홉 살 적부터 영국의 작가 찰스 디킨스의 〈크리스마스 캐럴〉 등 명작 소설을 즐겨 읽었습니다. 모두 어머니가 구해준 책이었습니다. 펄은 글쓰기를 좋아해 이때부터 작가의 꿈을 갖게 되었습니다.

'나는 꼭 작가가 될 거야. 그래서 내 친구들처럼 고통 받는 중국 사람들의 이야기를 소설로 쓰겠어.'

펄은 어려서부터 중국과 중국 사람들을 몹시 사랑했습니다. 스스로 중국 사람이 되어 중국 사람처럼 말하고 생각하고 행동하며 살았습니다. 그러다 보니 중국 사람들의 생활과 풍습에 대해서는 깊이 있게 알고 손바닥처럼 들여다볼 수 있었습니다.

1909년 펄은 18세가 되었습니다. 부모님은 펄을 상해에 있는 기숙학교로 보냈습니다. 이 학교를 운영하는 사람은 주엘 여사였습니다. 펄은 기숙사 생활을 하며 공부에 열중했습니다.

어느 날, 상해 시내에 있는 공원에 놀러 간 펄은 비명을 지를 뻔했습니다. 공원 입구에 '중국 사람과 개는 들어오지 마시오.'라는 팻말이 붙어 있었기 때문입니다.

'해도 해도 너무하네. 중국 사람을 개와 똑같이 취급하다니.'

펄은 분노가 치밀어 견딜 수가 없었습니다.

기숙학교는 선교사의 자식 등 서양인들을 위한 학교였습니다. 펄은 학교에서 급우들과 함께 지내며 한 가지 놀라운 사실을 알았습니다. 그들은 중국 사람들을 자기들과 똑같은 사람으로 여기지 않고 서양인들의 하인 정도로만 알고 있었습니다.

"중국 사람이든 서양 사람이든 하느님 앞에서는 다 평등한 거야. 중국 사람을 하인 취급하는 것은 말도 안 돼."

펄이 이렇게 말하면 급우들은 펄을 이해하지 못했습니다. 그래서 기숙사 방을 같이 쓰는 두 선교사 딸과 걸핏하면 싸웠습니다.

하루는 펄이 기독교와 유교를 비교하며 이런 주장을 폈습니다.

"기독교와 유교는 서양과 동양의 종교이지만 공통점도 많아.

예수님과 공자님을 봐도 그래. 예수님은 사랑을 가르치고 공자님은 인(仁)을 가르쳤지. 본질적으로는 사랑이나 인이나 다 같다고 생각해."

그러자 기숙사의 두 친구는 말도 안 되는 주장이라고 손사래를 쳤습니다.

"그게 기독교를 믿는 아이가 할 소리니? 사랑과 인이 어째서 똑같아? 그것은 이단적인 생각이야."

두 친구는 주엘 여사에게 고자질을 했습니다.

"선생님, 펄은 위험한 아이예요. 기독교와 유교를 같은 종교라고 믿고 있지 않겠어요? 이단적인 생각을 하는 아이와는 한 방을 못 쓰겠어요. 펄을 다른 방으로 보내 주세요."

주엘 여사는 펄을 믿음이 적은 학생이라고 생각했습니다. 그래서 펄을 따로 불러 말했습니다.

"펄, 네가 친구들에게 쓸데없는 말을 했다며? 기독교는 믿음의 종교란다. 네가 믿음이 적은 것 같으니 내일부터 특별 기도회에 참석하도록 해. 그리고 앞으로는 기숙사 방을 혼자 쓰고……."

펄은 편지를 써서 어머니에게 이 사실을 알렸습니다. 그러자 어머니는 학교를 찾아와 펄이 특별 기도회에 참석하는 것을 면제해 달라고 청했습니다. 주엘 여사는 특별 기도회에 참석하지 않는 대신 펄이 벌을 받아야 한다며 중국 여자아이들에게 바느질을 가르치게 했습니다.

 펄은 일방적 가치관을 강요하는 학교가 마음에 들지 않았습니다. 그래서 봄 방학이 끝나자 학교로 돌아가지 않고 1910년 9월 미국 유학을 떠났습니다.

 펄은 미국 버지니아 주 린치버그의 랜돌프 메이콘 여자 대학에 입학하여 심리학을 전공하였습니다. 그러나 펄은 공부보다는 책 읽기와 글쓰기로 시간을 보냈습니다.

 1914년 펄은 대학을 졸업했습니다.

 '이제부터 무슨 일을 하지? 미국에서 학교 선생님을 하며 눌러앉을까? 아니면 중국으로 돌아갈까?'

 자신의 진로를 놓고 이렇게 고민할 때 중국에서 연락이 왔습니다.

 펄, 어머니가 몹시 아프단다. 빨리 중국으로 돌아오너라.

 아버지가 보낸 편지였습니다. 펄은 망설이지 않고 급히 짐을 꾸려 중국으로 건너갔습니다. 중국에는 펄이 해야 할 일이 있었습니다. 어머니 병수발을 들며 어머니를 대신하여 초등학교에서 아이들을 가르치는 것이었습니다.

 어머니의 병세가 좋아지자, 펄은 진강의 고등학교로 옮겨 학생들을 가르쳤습니다.

그 무렵 펄은 한 남자를 사귀었습니다. 장로교 선교사에서 파견한 농업 기사인 존 로싱 벅 박사였습니다. 그는 뒤에 중국 농업 연구의 세계적인 권위자가 됩니다. 1917년 펄은 존 로싱 벅과 결혼하여 펄 벅이 되었습니다.

1921년 남편이 남경 대학 교수로 가게 되자 펄 벅은 남경으로 이사했습니다. 그러고는 남경에서 첫 딸을 낳았습니다. 결혼한 지 4년 만에 얻은 자식이기에 펄 벅은 몹시 기뻐했습니다.

그러나 슬픈 일도 있었습니다. 그 해 가을에 어머니가 세상을 떠난 것입니다.

펄 벅은 어머니의 사랑과 희생을 잊을 수가 없었습니다. 그래서 어머니의 장례를 마친 뒤 붓을 들어 어머니 이야기를 쓰기 시작했습니다. 그렇게 해서 완성한 책이 1936년 출판한 〈어머니의 초상〉입니다. 이 책은 어머니의 봉사와 희생의 삶이 그대로 담겨 있어 많은 독자들에게 깊은 감동을 주었습니다.

펄 벅이 본격적으로 문학 작품을 쓴 것은 1922년 8월의 어느 날부터였습니다. 그날 펄 벅은 노트에 이렇게 썼습니다.

나는 오늘부터 글을 쓰겠다. 모든 준비는 끝났다.

펄 벅은 먼저 수필을 썼습니다. 〈애틀랜틱〉, 〈포렘〉, 〈네이존〉 등 여러 잡지에 짧은 수필을 발표했습니다. 그의 수필은 따뜻한 마음이 깃들어 있어 독자들에게 사랑을 받았습니다.

이에 자신을 얻은 펄 벅은 소설에도 손을 댔습니다. 미국인 아내를 둔 중국인 청년 이야기인 〈동풍, 서풍〉이 그 작품입니다. 이 소설은 1930년이 되어서야 출판이 되는데, 1년도 못 되어 3쇄를 찍었습니다.

펄 벅이 첫 소설을 쓸 무렵, 가슴 아픈 일이 생겼습니다.

'딸아이가 다섯 살이 되도록 왜 말을 못 하지?'

펄 벅은 걱정이 되어 병원을 찾았습니다.

의사 선생님은 딸아이를 진찰하고는 이렇게 말했습니다.

"이 아이는 정신박약아입니다. 어른이 되어도 지능이 다섯 살 밖에 안 됩니다."

펄 벅은 충격을 받았습니다. 두 딸 가운데 큰딸이 정신박약아라니 불쌍하여 견딜 수가 없었습니다. 평생 딸아이를 돌봐야 하는데 가정 형편은 어려웠습니다. 하루에 한 끼 식사로 살아가고 있었습니다.

펄 벅은 이를 악물었습니다.

'내 딸아이를 돌보려면 돈이 있어야 한다. 소설을 써서 돈을 벌자. 내가 죽고 나서도 딸아이가 살아가도록 많은 돈을 벌자.'

펄 벅은 이런 결심을 하고 열심히 소설을 썼습니다. 〈동풍, 서풍〉 이후 혼신의 힘을 다해 쓴 작품이 그의 대표작인 〈대지〉입니다. 중국 소작농 왕룽의 파란만장한 삶을 그린 이 소설은 1931년 출판되어 그를 세계적인 작가로 만들었습니다. 1932년에는 이 소설로 퓰리처상을 받았으며, 뒤에 〈아들들〉, 〈분열된 일가〉 등 속편을 내어 〈대지〉 3부작을 완성해 1938년 마침내 노벨 문학상을 받았습니다.

그 후에도 펄 벅은 계속해서 작품을 써서 평생 65권의 책과 수백 편의 단편 소설, 수필을 썼습니다.

펄 벅은 제2차 세계 대전 후에는 사회 활동을 활발하게 했습니다. 펄 벅 재단을 만들어 전쟁 중 아시아에서 미군으로 인해 사생아로 태어난 아이들을 입양하는 사업을 벌였습니다.

펄 벅은 한국전쟁 후에는 우리나라 가정의 3대에 걸친 수난의 역사를 다룬 소설 〈살아 있는 갈대〉와 한국의 혼혈아를 그린 소설 〈새해〉를 쓰기도 했습니다.

작가로서, 사회사업가로서, 큰 업적을 남긴 펄 벅은 1973년 3월 6일 조용히 눈을 감았습니다. 82세의 나이였습니다.

과학의 어머니

마리 퀴리

1867~1934. 제정 러시아 치하에 있던 폴란드의 바르샤바에서 자라나 18세 때 가정 교사 일을 했다. 25세에 프랑스 유학을 떠나 소르본 대학에서 수학과 물리학을 전공했다. 그리고 1895년 피에르 퀴리와 결혼하여 방사능에 대한 공동 연구를 시작했다. 그리하여 1898년 폴로늄과 라듐을 발견, 이 공로로 1903년 베크렐과 함께 노벨 물리학상을 받았다. 1906년 남편이 교통 사고로 죽은 뒤에는 소르본 대학 교수가 되어 연구를 계속했으며, 1910년 순수한 라듐 금속을 만들어 내는 데 성공해 이듬해 노벨 화학상을 받아 노벨상을 두 번 수상하는 영예를 안았다.

　벨이 낮게 울렸습니다. 러시아 장학관이 학교를 찾아왔다는 것을 알리는 벨 소리로, 수위 아저씨가 비상 신호를 보낸 것입니다.
　선생님이 다급한 목소리로 말했습니다.
　"여러분, 우리말 교과서를 감추세요. 그리고 바느질 도구를 꺼내세요."
　학생들은 선생님이 시키는 대로 했습니다. 폴란드 역사책을 감추고 바느질감을 꺼내 바느질을 시작한 것입니다.
　당시에 폴란드는 러시아의 지배를 받고 있었습니다. 학교에서는 폴란드 말을 쓰지 못하게 했습니다. 그 대신 러시아 말로 된 책으로 공부하고 러시아 말만 쓰게 했습니다.
　그러나 선생님들은 그 명령을 따르고 싶지 않았습니다. 그래서 러시아 장학관들 모르게 학생들에게 폴란드 말과 역사를 가르쳤습니다.

 러시아 장학관은 연락도 없이 불쑥 학교를 찾아왔습니다. 그러고는 러시아 말로 수업하고 있는지 조사하고 갔습니다.

 이윽고, 교실 문이 열리더니 러시아 장학관이 교장 선생님을 거느리고 나타났습니다. 러시아 장학관은 뒷짐을 진 채 아이들을 천천히 둘러보았습니다.

 "지금이 가정 실습 시간이오?"

 러시아 장학관이 묻자 교장 선생님이 대답했습니다.

 "예, 그렇습니다. 일주일에 두 시간씩 배우고 있는데, 오늘은 바느질 공부를 하고 있습니다."

 "바느질 공부도 좋지만, 더 중요한 것은 러시아 말과 러시아 역사를 배우는 것이오. 이 학교에서도 모두들 열심히 배우고 있겠지요?"

 "물론입니다."

 "그럼 어디 제대로 배웠는지 알아볼까? 교장 선생님, 학생 하나를 불러 주세요. 물어볼 것이 있으니까."

 "예, 알겠습니다."

 교장 선생님은 학생들을 훑어보았습니다.

 그 순간, 마리는 가슴이 두근거렸습니다. 이 교실에서 가장 공부를 잘하는 것은 마리였기 때문입니다.

'교장 선생님은 틀림없이 나를 지명하실 거야.'

마리가 이런 생각을 했을 때였습니다. 아니나 다를까, 교장 선생님은 마리를 손가락질했습니다.

"마리, 일어서요."

"네, 교장 선생님."

마리는 떨리는 가슴을 가라앉히고 천천히 일어섰습니다.

러시아 장학관은 마리를 거만스레 보며 입을 열었습니다.

"너한테 몇 가지 묻겠다. 먼저, 이제까지 우리 러시아를 다스리신 황제의 이름을 예카테리나 2세부터 차례대로 말해 보아라."

러시아 장학관의 물음에는 러시아 말로 대답해야 했습니다.

그런데 마리는 막힘없이 술술 대답했습니다.

"예카테리나 2세, 폴 1세, 알렉산드르 1세, 니콜라이 1세……."

"그래, 잘 알고 있구나. 그럼 또 묻겠다. 황제의 존칭은 어떻게 부르지?"

"폐하라고 부릅니다."

"지금 우리를 다스리시는 분은?"

"알렉산드르 2세 폐하이십니다."

"나를 뭐라고 부르지?"

"장학관 각하라고 부릅니다."

마리가 러시아 말로 척척 대답하자 러시아 장학관은 만족스러운 얼굴이 되었습니다.

"그래, 아주 잘 대답했다."

장학관은 고개를 끄덕이더니 다음 교실로 갔습니다.

마리는 두 손으로 얼굴을 감쌌습니다. 그리고 참았던 울음을 터뜨렸습니다.

"마리!"

선생님이 다가와 마리를 안아 주었습니다.

"서러워도 참아야 한다. 언젠가는 우리말을 떳떳이 쓸 날이 꼭 올 거야."

이렇게 말하는 선생님의 눈가에도 이슬이 맺혀 있었습니다.

이 소녀가, 뒷날 라듐을 발견하여 노벨상을 두 번이나 받게 되는 세계적인 물리학자 마리 퀴리입니다.

마리는 1867년 11월 7일, 폴란드의 수도 바르샤바에서 태어났습니다. 5남매 가운데 막내딸이었습니다.

아버지는 중학교에서 수학과 물리를 가르치는 선생님이었으며 어머니는 마리를 낳을 때까지 여학교 선생님으로 근무하였습니다.

마리는 어려서부터 책을 좋아했습니다. 틈만 나면 아버지의 서재로 가서 책을 읽었습니다.

아버지의 서재에는 유리문이 달린 장이 있는데, 그 안에는 유리관, 유리 그릇, 저울 등이 들어 있었습니다.

어느 날, 마리는 서재에 있는 아버지에게 물어보았습니다.

"아버지, 저 안에 있는 것들은 무엇에 쓰는 거예요?"

아버지는 마리가 가리키는 물건들을 보았습니다.

"유리관, 유리 그릇, 저울 말이지? 저것들은 물리 실험용 기구란다. 물리 실험을 할 때 쓰는 물건들이지."

마리는 물리 실험이 무엇인지 몰랐습니다. 그래도 그것이 신기하고 재미있는 일일 거라는 생각이 들었습니다.

마리는 여덟 살이 되자 초등학교에 입학했습니다. 그런데 그해에 큰언니 조샤가 장티푸스에 걸려 세상을 떠나고 말았습니다. 겨우 열여섯 살의 어린 나이였습니다.

불행은 여기에 그치지 않았습니다. 그즈음 아버지는 친척에게 사기를 당해 3만 루블이라는 큰돈을 잃었으며, 마리가 열두 살 때는 어머니가 폐병에 걸려 세상을 떠났습니다.

그러나 마리는 마음을 다잡고 열심히 공부했습니다. 그래서 초등학교는 물론 국립 여학교도 1등으로 졸업할 수 있었습니다.

마리는 공부를 더 하고 싶었습니다. 하지만 폴란드 대학에서는 여학생을 뽑지 않았습니다. 따라서 공부를 계속하려면 프랑스, 독일 등 다른 나라로 유학을 가야 했습니다.

'우리 집안 형편으로는 유학을 갈 수 없어. 나도 브로냐 언니처럼 가정 교사 일을 하여 돈을 벌어야겠어.'

마리의 언니인 브로냐는 여학교를 졸업한 뒤 가정 교사를 하며 집안 살림을 돕고 있었습니다. 브로냐 역시 프랑스로 유학을 가서 의학 공부를 하고 싶지만, 집안 형편이 어려워 유학은 꿈도 못 꾸고 있었습니다.

어느 날, 마리가 브로냐에게 말했습니다.

"언니, 파리로 유학 가고 싶지? 그럼 당장 떠나. 학비는 걱정 말고. 내가 벌어서 보내 줄 테니까. 그 대신 대학을 졸업해 의사가 되면 그때는 꼭 언니가 나를 도와줘. 나도 파리로 가서 공부를 하고 싶어."

"마리, 어쩜 그런 생각을 다 했니? 고맙다."

브로냐는 눈물을 흘리며 마리의 손을 꼭 잡았습니다.

얼마 뒤, 브로냐는 프랑스 파리로 유학을 떠났습니다. 마리는 돈 많은 집의 가정 교사로 들어가 언니의 학비를 벌었습니다.

세월이 흘러 마리는 스물다섯 살이 되었습니다. 이때 파리에서 반가운 소식이 날아들었습니다.

마리, 그동안 고생 많았지? 나는 대학을 졸업해 의사가 되었어. 그리고 우리나라 사람인 가지미르 도루스키라는 의사와 결혼했어.

이번에는 네가 공부할 차례이니 어서 파리로 와.

마리는 언니의 편지를 받고 뛸 듯이 기뻐했습니다.

'아, 나도 이제 유학을 갈 수 있게 되었어. 이런 날이 돌아오기를 얼마나 손꼽아 기다렸는지 몰라.'

마리는 파리로 가서 소르본 대학에 입학했습니다. 1891년 11월의 일이었습니다.

마리는 언니의 집에 머물며 학교에 다녔지만 학교가 너무 멀어 얼마 뒤에는 학교 근처에 방을 얻어 혼자 지내야 했습니다.

마리는 대학에서 수학과 물리학을 전공했습니다. 그녀는 쉬지 않고 공부했습니다. 한겨울에는 석탄을 아끼려고 난로도 때지 않고 새벽까지 공부했습니다. 방이 어찌나 추운지 물그릇에 얼음이 얼 정도였습니다.

이러한 노력은 헛되지 않았습니다. 마리는 1893년 물리학 학사 시험에서 1등으로 합격했으며, 다음 해에는 수리 과학 학사 시험에서 2등으로 합격했습니다.

마리는 소르본 대학을 졸업한 뒤 유명한 물리학자인 리프만 교수의 연구실에서 조교로 일했습니다.

이때 피에르 퀴리라는 젊은 물리학자를 만났는데, 둘은 서로 사랑하는 사이가 되었습니다. 그리하여 1895년 7월 25일, 두 사

람은 결혼식을 올렸고 마리는 마리 퀴리라 불리게 되었습니다.

두 사람은 파리 시내에 방 세 개짜리 아파트를 얻어 신혼 살림을 차렸습니다. 피에르는 물리 화학 교사로 근무하며 학교에 딸린 창고에서 물리학 연구를 했습니다. 마리 퀴리 또한 창고로 나와 남편을 도와 가며 연구를 해 나갔습니다.

1897년에는 큰딸 이렌느가 태어나고, 1904년에는 작은딸 에바가 태어났습니다. 이렌느는 부모님의 뒤를 이어 유명한 물리학자가 되어, 남편 졸이오와 함께 인공 방사능 원소를 발견해 1935년 노벨 화학상을 받게 됩니다.

마리 퀴리는 결혼하고 아이를 키우면서도 연구를 게을리하지 않았습니다.

어느 날 밤, 마리 퀴리가 남편에게 말했습니다.

"박사 논문을 써야겠어요. 베크렐 교수가 우라늄 광석에서 발견한 광선을 주제로 다뤄 보고 싶어요."

"으음, 재미있는 논문이 되겠군. 그 광선에 대해 함께 연구해 봅시다."

퀴리 부부는 연구를 시작하여, 토륨도 우라늄과 마찬가지의 방사능을 발사한다는 것을 발견하고 '방사능'이라는 이름을 붙였습

니다. 또한 우라늄 광물 피치블렌드가 우라늄 자체보다도 강한 방사능을 보인다는 것을 알아내고, 그 속에서 새로운 물질인 폴로늄과 라듐을 발견했습니다. 이 두 원소는 방사능 원소로서 발견된 최초의 것으로, 라듐의 방사능은 엄청난 것이었습니다.

1903년 퀴리 부부는 방사성을 발견한 공로로 베크렐과 함께 노벨 물리학상을 받았습니다.

그런데 그로부터 3년 뒤, 마리 퀴리에게 충격적인 소식이 전해졌습니다. 남편 피에르가 비 오는 날 파리의 거리에서 마차에 치어 숨졌다는 것입니다.

마리 퀴리는 하늘이 무너진 것 같았습니다. 남편의 시신 앞에 엎드려 목 놓아 울었습니다.

남편의 장례를 마친 뒤 마리 퀴리는 몇 달 동안 아무 일도 하지 않았습니다. 집 안에 들어앉아 넋을 잃고 하루하루를 보냈습니다.

그러던 어느 날, 마리 퀴리는 남편이 언젠가 자기에게 해 준 말이 떠올랐습니다.

'여보, 무슨 일이 있어도 연구를 계속해야 하오. 그것이 우리에게 맡겨진 사명이오.'

순간, 마리 퀴리는 정신이 번쩍 들었습니다.

'그렇다. 나에게는 연구해야 할 하문이 있다. 남편의 말대로 나에게 맡겨진 사명을 다해야 한다.'

그리고 그날부터 마리 퀴리는 연구실에 틀어박혀 연구에 몰두했습니다.

1906년 마리 퀴리는 피에르의 뒤를 이어 소르본 대학의 교수가 되었습니다. 여성 교수가 나온 것은 소르본 대학이 생긴 이래 처음이었습니다.

마리 퀴리는 1910년 순수한 라듐 금속을 만들어 냈는데, 이 공로로 1911년 노벨 화학상을 받았습니다. 여성 과학자로서 노벨상을 두 번이나 받은 것입니다.

그러나 마리 퀴리의 말년은 불행했습니다. 건강이 점점 나빠지더니 고통스러운 병이 찾아왔습니다. 병명은 백혈병이었습니다. 오랫동안 방사능에 노출되어 이런 병에 걸린 것입니다.

1934년 7월 4일, 마리 퀴리는 68세의 삶을 마쳤습니다.

그로부터 61년이 지난 1995년 4월 20일, 마리 퀴리의 묘는 남편 피에르와 함께 파리 팡테옹 신전으로 이장되었습니다. 팡테옹 신전은 프랑스의 역대 위인들이 묻혀 있는 곳으로, 여성으로서는 사상 처음이었습니다.

환경 보호 운동의 선구자
레이첼 카슨

1907~1964, 미국 펜실베이니아 여자 대학에서 생물학, 존스 홉킨스 대학 대학원에서 해양 동물학을 전공했다. 수산 자원국에 들어가 어류와 해양 생태 분야에서 일했으며, 해양 동물과 바다에 관한 이야기책인 〈우리를 둘러싼 바다〉를 펴냈고, 1958년, 살충제의 위험을 알리는 〈침묵의 봄〉을 쓰기 시작하여 4년 만에 완성했다. 이 책이 출간된 후 사람들은 국회, 연방 정부에 살충제의 사용을 금지하라는 탄원서를 보냈으며, 마침내 화학 물질 살충제 사용 금지법이 만들어졌다. 〈우리를 둘러싼 바다〉, 〈바다의 가장자리〉, 〈침묵의 봄〉 등의 저서가 있다.

　미국 펜실베이니아 주 스프링데일의 앨러게니 강 계곡에 아침 해가 떠올랐습니다.
　계곡에 있는 작은 마을에 사는 레이첼의 어머니 마리아는 잠들어 있는 어린 딸을 깨웠습니다.
　"레이첼, 일어나라. 엄마랑 소풍을 가기로 했잖니."
　레이첼은 예쁜 파란 눈을 반짝 떴습니다.
　"엄마, 벌써 아침이 밝았어요?"
　"그래, 새들이 일찍 깨어나 지저귀고 있단다. 너 자꾸 늦잠을 자면 새들이 흉본다."
　"알았어요, 엄마. 지금 일어날게요."
　레이첼은 벌떡 일어나 밖으로 나갔습니다. 마당에 있는 나무에는 새들이 날아와 즐겁게 노래하고 있었습니다.
　어머니는 벌써 도시락을 싸 놓았습니다. 레이첼은 어머니와 함

께 집 앞에 있는 숲으로 가려고 집을 나섰습니다. 귀여운 강아지, 캔디가 꼬리를 흔들며 그 뒤를 따랐습니다.

"레이첼, 저기 울고 있는 새가 개똥지빠귀란다. 날갯죽지 밑으로 얼룩무늬가 많지? ……저기 나뭇잎 위에 달팽이가 기어가는구나. 달팽이는 머리에 두 쌍의 더듬이가 있는데, 더듬이 끝에 밝은 것과 어두운 것을 알아내는 눈이 달려 있단다."

어머니는 숲 속을 돌아다니며 여러 가지 새와 동물과 나무들의 이름과 특징을 알려 주었습니다. 그때마다 레이첼은 눈을 반짝이며 엄마의 말에 귀를 기울였습니다.

"엄마, 저기 좀 보세요. 다람쥐 한 마리가 나무 위로 기어 올라가요."

"그렇구나. 다람쥐는 어릴 적부터 자주 보았지?"

"예, 엄마."

레이첼이 어머니와 숲 속 나들이를 시작한 것은 돌이 막 지났을 때부터였습니다. 어머니는 아장아장 걸어 다니는 레이첼에게 꽃과 나무와 벌레의 이름을 가르쳐 주었습니다.

레이첼에게는 열 살 많은 언니 마리안과 여덟 살 많은 오빠 로버트가 있었습니다. 언니와 오빠는 어려서부터 자연에 대해 관심이 별로 없었습니다. 하지만 레이첼은 달랐습니다. 날마다 숲 속을 거닐며 야생 동물 구경하기를 좋아했습니다.

레이첼은 숲 속에서 도시락을 먹으며 어머니와 즐겁게 놀았습니다. 숲 속을 돌아다니면 어찌나 시간이 빨리 가는지 모릅니다.

"네 언니와 오빠가 학교에서 돌아올 때가 되었구나. 마중을 나가야겠다."

어머니는 레이첼의 손을 잡고 학교로 뻗은 길로 발걸음을 옮겼습니다.

숲에서 빠져 나왔을 때 레이첼이 말했습니다.

"엄마, 달팽이를 집에서 기르려고 해요. 괜찮죠?"

레이첼은 주머니에서 달팽이를 꺼내 어머니에게 보여 주었습니다. 그러자 어머니는 눈을 동그랗게 뜨고 말했습니다.

"달팽이를 집에 가져가면 안 돼. 달팽이가 없어지면 그 가족들이 얼마나 슬퍼하겠니? 달팽이를 구경하는 건 좋지만, 원래 있던 자리에 그대로 두어야 한다."

"죄송해요, 엄마. 달팽이에게도 가족이 있다는 걸 생각하지 못했어요."

"알았으면 됐다. 우리 다시 숲 속으로 가서 달팽이를 원래 있던 자리에 놓아두고 오자."

레이첼은 다시 발걸음을 돌려 숲 속으로 돌아갔습니다.

어머니는 자연을 몹시 사랑했습니다. 레이첼도 어머니에게 영향을 받아 자연을 생각하는 마음이 남달리 컸습니다.

하루는 레이첼이 오빠 로버트를 따라 숲 속으로 갔습니다. 로버트는 레이첼을 참나무 숲으로 데려가며 말했습니다.

"보여 줄 것이 있어. 내가 참나무 숲에 덫을 놓았거든. 아마 지금쯤 토끼가 걸려들었을 거야."

로버트가 예상한 대로였습니다. 참나무 숲에는 토끼 한 마리가 덫에 걸려 죽어 있었습니다.

"히히, 제법 큰놈이 걸려들었네. 오늘 저녁에는 토끼고기를 배불리 먹을 수 있게 되었어."

로버트는 좋아서 히죽히죽 웃었습니다.

그러나 레이첼은 얼굴이 새파랗게 질렸습니다.

'야생 동물을 사냥하다니, 잔인하고 끔찍해! 오빠는 토끼가 불쌍하지도 않은가 봐.'

레이첼은 집으로 돌아오는 동안 내내 마음이 무거웠습니다. 가족을 잃고 슬퍼하는 토끼들의 모습이 자꾸만 눈앞에 어른거렸습니다.

레이첼은 오빠를 내버려 두면 안 되겠다는 생각이 들었습니다. 그래서 며칠 뒤 용기를 내어 로버트에게 말했습니다.

"오빠, 부탁이 있어. 앞으로는 토끼 사냥을 하지 마. 저녁 반찬 거리도 좋지만, 살아 있는 토끼를 잡는 것은 너무 끔찍해. 나는 오빠가 엄마를 닮았으면 좋겠어. 엄마는 집 안을 청소하다가 거미가 나오면, 죽이지 않고 문 밖으로 쓸어 내잖아. 오빠가 내 부탁을 들어 주지 않으면 나는 오빠와 말도 하지 않을 거야."

로버트는 동생의 간절한 부탁을 외면할 수 없었습니다. 더구나 그 부탁을 들어 주지 않으면 말도 하지 않겠다니 은근히 겁도 났습니다.

"알았다, 알았어. 이제부터는 토끼 사냥을 하지 않을게."

로버트는 레이첼에게 앞으로는 토끼 사냥을 하지 않겠다고 다짐했습니다.

레이첼은 어려서부터 책 읽기를 좋아했습니다. 두 살 때부터 어머니가 읽어 주는 책의 이야기를 듣고는, 여섯 살 때부터 혼자서 책을 읽었습니다. 레이첼이 즐겨 읽는 책은 〈피터 래빗 이야기〉처럼 동물이 주인공으로 나오는 책들이었습니다.

'책에는 재미있는 이야기들이 실려 있어. 누군가 이런 이야기를 만들었겠지? 나도 이다음에 크면 책을 쓰는 일을 하고 싶어.'

레이첼은 책 읽기에 빠져들면서 작가가 되겠다는 꿈을 가졌습니다. 초등학교에 들어가서는 더욱 열심히 책을 읽고 틈틈이 글도 썼습니다.

그 당시 미국에서 가장 인기 있는 어린이 잡지는 〈성 니콜라스〉였습니다. 레이첼은 어머니가 구독 신청을 해 줘, 다달이 집에서 잡지를 받아 보고 있었습니다.

이 잡지에는 '성 니콜라스 리그'라는 어린이 독자란이 있었습니다. 여기에는 어린이들이 보내오는 글이나 그림 등을 실었습니다. 1등으로 뽑히면 금메달, 2등으로 뽑히면 은메달을 주었으며 부상으로 상금도 주었습니다.
'나도 이 잡지에 글을 써서 보내자. 무슨 글을 쓰면 좋을까?'
레이첼은 연필을 손에 쥔 채 골똘히 생각에 잠겼습니다.
그 무렵 레이첼의 오빠 로버트는 군대에 가 있었습니다. 제1차 세계 대전이 일어나 미국 공군에서 비행사 훈련을 받았습니다.
레이첼은 문득 오빠에게 받았던 편지의 내용이 생각났습니다. 그것은 독일군과 맞서 싸운 캐나다의 용감한 비행사 이야기였습니다.
'그래, 오빠가 보내온 편지의 이야기를 가지고 글을 써 보자.'
레이첼은 이렇게 마음을 정하고 글을 쓰기 시작했습니다.

이 이야기는 미국 공군에 입대한 오빠에게서 전해 들었습니다.
독일 공군과 싸운 캐나다 인 비행사 이야기입니다.
캐나다 인 비행사는 프랑스에서 비행 훈련을 받던 중, 어느 날 출격 명령을 받았습니다. 그는 동료와 함께 비행기를 타고 하늘로 날아올랐습니다.
연합군 비행기는 독일군 비행기로부터 기습을 당했습니다. 독일군 비행기가 갑자기 구름 뒤에서 튀어나와 공격을 개시한 것입니다.
그러나 연합군 비행기는 당황하지 않고 독일군 비행기에 사격을 퍼부었습니다. 독일군 비행기도 맹렬히 기총 소사(비행기의 기관총으로 적을 비로 쓸 듯이 사격하는 일)를 했습니다. 그러다가 연합군 비행기 날개 하나가 총에 맞아 그 귀퉁이가 떨어져 나갔습니다. 연합군 비행기는 심하게 흔들렸습니다. 그대로 두면 추락할 것 같았습니다.

위기를 느낀 캐나다 인 비행사는 재빨리 비행기 창 밖으로 나와 날개 위로 기어갔습니다. 그러자 비행기는 한쪽으로 기울지 않고 똑바로 되었습니다.

독일군 비행사들은 이 광경을 보고 감탄했습니다.

"야! 적군이긴 하지만 대단히 용감하네."

"저런 사람은 죽이면 안 돼."

독일군 비행사들은 연합군 비행기가 땅 위에 내릴 때까지 사격을 하지 않았습니다. 그리하여 캐나다 인 비행사는 목숨을 건질 수 있었다고 합니다.

레이첼은 이 글에 〈구름 속의 전투〉라는 제목을 붙이고 〈성 니콜라스〉 잡지에 보냈습니다.

잡지사에서는 이 글을 〈성 니콜라스〉 1918년 9월호에 실었습니다. 그리고 은메달과 상금 10달러를 보내 주었습니다.

레이첼은 그 뒤에도 〈성 니콜라스〉에 계속 글을 써서 보내 두 번이나 실렸습니다.

레이첼은 뒷날 이 시기의 일을 떠올리며 이렇게 말했습니다.

"잡지에 실린 내 글을 보고 나는 기쁨을 감추지 못했어요. 이때부터 내 꿈은 작가가 되는 것이라고 자신 있게 말하게 되었지요."

1925년 레이첼은 파르나수스 고등학교를 거쳐 펜실베이니아 여자 대학(지금의 채텀 대학)에 입학했습니다. 전공은 영문학이었습니다.

그러나 레이첼은 2학년 때 생물학 강의를 듣고는 생물학에 푹 빠져들었습니다. 그래서 3학년이 되자마자 전공을 생물학으로 바꾸었습니다.

1929년 대학을 졸업한 레이첼은 존스 홉킨스 대학 대학원에 들어갔습니다. 그는 해양 동물학을 전공으로 택해 바다 동물들을 연구했습니다.

1932년 해양 동물학 석사 학위를 받았지만 일자리를 얻지 못했습니다. 경제 공황으로 기업들이 망하고 은행이 문을 닫았기 때문입니다. 거리는 일자리를 잃은 사람들로 넘쳐나고 있었습니다.

1935년 아버지가 돌아가시자 집안 형편은 더욱 어려워졌습니다. 레이첼은 가족을 돌보기 위해 돈을 벌어야 했습니다.

어느 날, 레이첼에게 좋은 일거리가 생겼습니다. 정부 기관인 수산 자원국의 엘머 히긴스 국장을 만났는데, 해양 동물에 대한 방송 원고를 써 달라는 것이었습니다.

"'물속의 로맨스'라는 제목으로 라디오 방송 프로그램을 만들려고 해요. 레이첼 양은 해양 동물학을 전공했고 글재주가 있으니, 방송 원고를 잘 쓸 수 있을 거예요."

원고 쓰는 일은 재미있었습니다. 레이첼은 멋진 방송 원고를 써서 좋은 반응을 얻었습니다.

그뿐만 아니라 수산 자원국의 정식 직원으로 뽑혀 공무원이 되었습니다. 레이첼은 어류와 해양 생태 분야에서 일하며 해양 동물과 바다에 관한 이야기를 썼습니다. 이렇게 해서 펴낸 책이 〈바닷바람 아래서〉(1941)와 〈우리를 둘러싼 바다〉(1951)입니다. 〈우리를 둘러싼 바다〉는 미국에서 백만 부 이상 팔린 베스트셀러가 되었습니다. 미국 과학 진흥 협회에서는 이 책을 '올해의 책'으로 선정했으며, 레이첼 카슨은 미국 예술원 회원으로 초빙되었습니다.

한 평론가는 레이첼 카슨을 이렇게 평했습니다.

"문학가의 재능을 겸한 과학자의 출현은 한 세대에 한 사람 나올까 말까 한 일이다. 레이첼 카슨이야말로 그런 과학자이다."

레이첼 카슨은 이제 유명한 과학자가 되었습니다. 오랜 공무원 생활을 그만두고 해양 동물을 연구하며 지낼 수 있게 되었습니다. 그는 해양 동물들의 생태를 4년 동안 관찰하고 연구하여, 1955년 〈바다의 가장자리〉라는 책을 썼습니다. 이 책은 나오자마자 베스트셀러가 되었습니다.

1957년 가을, 레이첼 카슨은 올가 허킨스라는 친구로부터 한 통의 편지를 받았습니다.

레이첼, 내가 사는 매사추세츠 주의 보스턴 근처에 조류 보호 구역이 있어. 지난 여름 주정부에서는 모기를 없앤다고 이곳에 '디디티(DDT)'를 엄청나게 뿌렸지. 그랬더니 모기를 없애기는커녕 조류 보호 구호 구역에 있는 새들과 곤충들을 모조리 죽여 버렸어. 물론 새들은 디디티를 먹은 벌레들을 먹고 죽은 거지.

나는 이 사실을 알고 주 정부를 찾아가 따졌어. 그랬더니 주 정부에서 뭐라고 하는지 알아? 디디티는 아무 문제가 없고 사람에게도 안전하다는 거야.

나는 다른 지역에도 이런 일이 있었는지 알아보았어. 뉴욕 롱아일랜드에서도 헬리콥터로 살충제를 뿌려 새와 물고기가 모조리 죽은 일이 있다군.

디디티 같은 살충제를 뿌리는 일은 우리 자연 환경을 파괴하고

모든 생명을 죽이는 짓이야. 네가 나서서 이 일을 막아줘.

레이첼 카슨은 편지를 읽어 보고 이 일이 보통 심각한 일이 아님을 깨달았습니다. 그래서 살충제와 관련된 자료를 모으고 그 실태를 조사했습니다. 그 결과 얻은 결론은, 디디티 같은 살충제는 원자탄만큼 무섭고 해롭다는 것입니다.

레이첼 카슨은 살충제의 위험을 알리는 책을 쓰기로 결심했습니다.

1958년부터 집필을 시작했는데, 그 작업은 쉽지 않았습니다. 관절염과 위장병이 그를 괴롭히더니, 1960년에는 암세포가 온몸에 퍼져 갔습니다.

그럼에도 불구하고 레이첼 카슨은 고통을 참아가며 원고를 계속 썼습니다. 이렇게 해서 4년 만인 1962년에 완성한 책이 〈침묵의 봄〉입니다.

이 책이 나오자 살충제 회사들은 레이첼 카슨을 맹렬히 공격했습니다.

"무슨 소리야? 살충제를 뿌려야 해충을 없애고, 해충을 없애야 농산물을 많이 거두어들이지. 카슨이 살충제에 반대하는 것은,

농업 생산량을 떨어뜨려 미국을 망하게 하려는 공산주의적 발상이야."

"카슨은 거짓말쟁이야. 살충제가 어째서 몸에 해롭다는 거야? 억지 부리지 말라고 해."

미국 농화학 협회에서는 레이첼 카슨의 주장이 터무니없다며 〈침묵의 봄〉을 반박하는 내용의 책을 만들어 마구 뿌렸습니다. 이 일에는 무려 25만 달러를 썼습니다.

그러나 〈침묵의 봄〉은 정확한 자료를 근거로 하여 빈틈없이 쓰인 책이었습니다. 사람들은 이 책을 통해 살충제가 얼마나 해로운지 알았고, 환경 문제에 관심을 갖기 시작했습니다. 이들은 국회, 연방 정부에 살충제의 사용을 금지하라는 탄원서를 보냈으며, 마침내 화학 물질 살충제 사용 금지법이 만들어지기에 이르렀습니다. 레이첼 카슨은 〈침묵의 봄〉으로 전 세계에 환경 오염의 위험을 일깨워 준 것입니다.

〈뉴욕 타임스〉는 이 책에 대해 이렇게 평했습니다.

〈침묵의 봄〉은 〈톰 아저씨의 오두막〉에 견줄 만한 책이다. 〈톰 아저씨의 오두막〉이 노예 제도의 실상을 낱낱이 밝혀 주었다면, 이 책은 환경을 파괴하는 살충제의 위험을 너무도 생생하게 밝혀 주었다.

이 책을 읽은 독자라면 살충제나 제초제를 함부로 쓰지는 않을 것이다.

〈침묵의 봄〉은 세계적인 석학 100인이 선정한 '20세기를 움직인 책 10권'에 뽑혔습니다. 그러나 이 책은 레이첼 카슨의 마지막 저서가 되었습니다. 암세포가 온몸에 퍼져 1964년 4월 14일, 조용히 숨을 거두었기 때문입니다.

레이첼 카슨은 멸망의 위기에 빠진 지구를 구한 환경 보호 운동의 선구자로 일컬어지고 있습니다.

여성 위인전 과학자 편

평생 침팬지와 함께 산 동물학자

제인 구달

1934~ , 1957년 아프리카로 떠나 세계적인 고인류학자 루이스 리키 박사를 만나면서 탕가니카의 곰비 강 야생 동물 보호 구역에서 침팬지들을 관찰하게 되었다. 과학 잡지에 〈야생 침팬지들과 보낸 나날〉이라는 글을 발표하여 세상에 널리 알려졌고, 1971년 침팬지를 관찰한 내용을 생생하게 담은 책 〈인간의 그늘에서〉를 펴내어 20세기 가장 유명한 과학자가 되었다. 1977년 '제인 구달 연구소'를 세워 침팬지를 연구하고 보호하는 일을 하는 한편, 1991년부터는 '뿌리와 새싹' 모임을 시작하여 어린이와 청소년들을 대상으로 야생 동물과 자연 환경을 지키기 위한 활동을 하고 있다.

"**제인**, 제인! 어디 있니?"

제인의 어머니 밴 조셉 구달은 애타게 제인을 찾았습니다.

"얘가 어디 갔지? 집 안에서 놀던 아이가 감쪽같이 사라졌네."

어머니는 제인의 이름을 부르며 집 안을 샅샅이 뒤졌습니다. 그러나 제인의 모습은 보이지 않았습니다.

"밖으로 놀러 나갔나?"

어머니는 집 밖으로 나가 온 마을을 이 잡듯이 뒤졌습니다. 하지만 제인은 그림자도 찾을 수가 없었습니다. 어머니는 울상을 지었습니다.

"제인, 이 녀석아, 도대체 어디로 간 거야?"

어머니는 제인이 혹시 유괴라도 당하지 않았나 걱정되었습니다. 벌써 몇 시간째 찾아 헤맸건만, 집은 물론 동네에서도 제인을 찾지 못했기 때문입니다.

'안 되겠다. 경찰서에 실종 신고를 해야겠어.'

어머니는 신고 전화를 하려고 집으로 돌아왔습니다. 그런데 이게 웬일입니까? 제인이 집에 있는 것이었습니다. 어머니는 반갑기도 하고 화가 나기도 했습니다. 그래서 다짜고짜 제인에게 큰 소리로 외쳤습니다.

"제인, 너 엄마 속을 썩일래? 어디 갔다 이제 온 거야?"

"엄마, 저를 찾으셨어요? 저는 이제까지 닭장 안에 있었는데."

"뭐, 뭐야? 닭장 안에는 왜 들어갔었니?"

제인은 아무렇지 않은 듯 대답했습니다.

"암탉은 달걀을 어떻게 낳는지 궁금해서요. 닭장 안에 숨어 있다가 암탉이 달걀을 낳는 것을 보았어요."

어머니는 어처구니없다는 듯 제인을 바라보다가 웃고 말았습니다.

"녀석, 엉뚱하기는……. 그래도 좋은 공부를 했구나. 앞으로 또 암탉이 달걀을 낳는 게 보고 싶으면 엄마에게 미리 말하고 닭장으로 들어가렴."

"예, 엄마."

이 일은 제인이 여섯 살 때 일어난 일입니다. 제인은 이처럼 어려서부터 동물을 관찰하고 동물과 함께 지내기를 좋아했습니다.

1934년 런던에서 태어난 제인이 어린 시절을 보낸 곳은 영국 남부 바닷가에 있는 번머스 마을이었습니다. 제2차 세계 대전이 일어나 아버지가 군대에 입대하자, 어머니를 따라 외할머니 집이 있는 번머스 마을로 이사를 온 것입니다.

외할머니 집은 시골에 있어 소, 말, 닭, 거위, 개 등 여러 가지 동물을 길렀습니다. 그래서 제인은 어릴 적부터 동물들과 가까이 지낼 수 있었습니다.

제인은 동물들이 무척 좋았습니다. 동물들과 함께 있으면 시간 가는 줄 몰랐습니다. 제인은 개를 훈련시키기도 하고, 승마를 배워 말을 타고 다니기도 했습니다.

제인이 가장 좋아하는 장난감은 침팬지 인형이었습니다. 제인은 이 인형에게 '주빌리'라는 이름을 지어 주었습니다. 주빌리는 런던 동물원에서 갓 태어난 침팬지 이름입니다. 제인은 밤에는 주빌리를 꼭 껴안고 잠이 들었습니다.

제인이 가장 좋아하는 책도 동물에 관한 책이었습니다. 제인은 일곱 살 때 동네 도서관에서 〈둘리틀 선생 이야기〉라는 책을 빌렸습니다. 이 책은 영국 출신의 미국 작가 로프팅이 쓴 동화입니다. 괴짜 수의사 둘리틀 선생이 자기가 기르는 앵무새 폴리네시아에게 동물의 말을 배워, 전염병에 시달리는 동물들을 구하러 아프리카로 떠나면서 벌이는 모험 이야기입니다.

'와, 무지무지 재미있네!'

제인은 동화책에 푹 빠져들었습니다. 읽을수록 재미있어 책을 손에서 놓지 않았습니다.

"제인, 너무 늦었다. 그만 자거라."

어머니는 방의 불을 꺼 버렸습니다. 하지만 제인은 잠이 오지 않았습니다.

'그다음 내용이 뭐지? 궁금해서 잠이 안 오네. 에이, 내일 아침까지 기다릴 수는 없어.'

제인은 책상 서랍에서 손전등을 꺼냈습니다. 그러고는 이불 속에서 손전등을 밝혀 〈둘리틀 선생 이야기〉를 읽었습니다. 제인은 이 책을 세 번이나 읽은 뒤 도서관에 반납했습니다.

제인이 그다음으로 좋아한 책은 미국 작가 버로스의 소설인 〈타잔〉이었습니다. 영국 귀족의 아들인 타잔이 아프리카 밀림에 버려졌다가 침팬지들의 손에 의해 길러져 밀림에서 모험을 벌인다는 이야기는 아주 흥미진진했습니다.

제인은 〈둘리틀 선생 이야기〉와 〈타잔〉을 읽고는 속으로 다짐했습니다.

'나도 어른이 되면 꼭 아프리카로 갈 거야. 밀림 속에서 동물들과 이야기를 나누며 행복하게 살겠어.'

제인은 초등학생이 되자 '악어 클럽'을 만들었습니다. 악어 클럽은 육지와 바다를 오가며 자연을 관찰하는 모임이었습니다. 회원은 제인과 제인의 여동생 주디, 그리고 한 동네에 사는 제인의 친구 샐리와 샐리의 여동생 수였습니다.

"우리 악어 클럽은 자연을 관찰하는 모임이야. 그러니까 그에 걸맞게 회원들끼리 멋진 동물 이름을 지어 부르자."

악어 클럽을 처음 만들던 날, 제인이 이렇게 말했습니다.

"좋은 생각이야. 나는 '바다오리'라고 불러 줘."

샐리가 먼저 자기 이름을 정했습니다.

다음엔 주디가 입을 열었습니다.

"나는 송어로 할래."

"나는 딱정벌레!"

수도 뒤질세라 말했습니다.

"나만 남았나? 나는 멋쟁이 나비다."

제인도 자기 이름을 정했습니다. 그러고는 회원들에게 말했습니다.

"악어 클럽 회원들은 날마다 자연을 관찰하여 그 내용을 공책에 자세히 적어야 해. 일주일에 한 번씩 악어 클럽 신문을 만들 거야. 그래서 우리가 관찰한 동물 및 식물에 관한 소식이나 정보를 신문에 싣겠어. 방학 때는 시간이 많으니 바닷가에서 조개 껍데기를 주워 전시회도 열 생각이고……."

제인은 악어 클럽 회장이 되어 자기가 계획한 일을 하나하나 이루어 나갔습니다.

동네 사람들에게 가장 관심을 끈 것은 조개 껍데기 전시회였습니다. 전시회에는 바닷가에서 흔히 볼 수 있는 조개 껍데기뿐 아니라 제인의 증조할아버지가 다른 나라에서 구해 온 희귀한 조개 껍데기도 전시했기 때문입니다.

제인은 동네 사람들이 몰려들자 전시회 입구에서 모금 운동을 벌였습니다.

"우리 동네에는 도살장으로 팔려 갈 늙은 말들이 있습니다. 평생 사람들을 위해 봉사했는데, 늙었다고 도살장에 보내서야 되겠습니까? 우리 악어 클럽에서는 이 말들을 구해 주려고 합니다. 그러기 위해서는 자금이 필요합니다. 여러분의 협조를 부탁드립니다."

악어 클럽 회원들은 동네 사람들에게 기부금을 거두어들여 도살장에 끌려갈 늙은 말을 사서 들판에 풀어 주었습니다.

1952년 제인은 고등학교를 마쳤습니다. 하지만 집안 형편이 어려워 대학에 진학할 수 없었습니다.

어머니가 말했습니다.

"비서라는 직업은 세계 어느 나라를 가도 일자리를 구할 수 있단다."

제인은 귀가 솔깃해졌습니다.

'나는 하루빨리 직장 생활을 해야 해. 아프리카로 떠나려면 돈을 모아야 하니까. 취직이 잘 된다니 비서 학교에 들어가자.'

제인은 비서 학교에 입학하여 타자, 부기, 속기 등을 배웠습니다. 그리고는 병원에서 반 년을 근무한 뒤 옥스퍼드 대학 행정실에서 일했습니다. 하지만 비서 일은 따분하기만 했습니다.

'아프리카 밀림을 누벼야 할 내가 하루 종일 책상에 앉아 있다니 정말 한심해.'

제인은 이런 생각이 들어 비서를 그만두고 런던의 영화 제작소 조수로 들어갔습니다. 제인에게 맡겨진 일은 영화 음악을 선정하는 것이었습니다. 제인은 사무실에 앉아 있으면 머릿속에 늘 아프리카 밀림과 초원이 떠올랐습니다. 밀림에는 침팬지 떼가 몰려다니고, 초원에는 얼룩말과 기린이 달리는 것이었습니다.

'아, 나는 언제나 아프리카에 갈 수 있을까? 동물들과 함께 살겠다는 나의 꿈은 과연 이루어질까?'

제인은 날마다 아프리카를 꿈꾸며 살았습니다. 틈틈이 동물원이나 자연사 박물관에 가고, 도서관에서 아프리카 동물에 관한 책을 빌려 읽는 것이 유일한 즐거움이었습니다.
그러던 어느 날, 제인은 몇 년 동안 연락이 없던 친구에게서 한 통의 편지를 받았습니다.

제인, 그동안 잘 지냈니?
모처럼 네 생각이 나서 몇 자 적어 본다.
내가 지금 어디에 있는지 아니? 여기는 아프리카 케냐야. 부모님이 이곳에 농장을 마련하여 온 식구가 이민을 왔단다.
제인, 언제 한번 놀러 와. 너는 늘 아프리카에서 살고 싶다고 했잖니.

- 케냐 나이로비에서 너의 친구 클로가

제인은 친구의 편지를 읽고 환호성을 질렀습니다.

"야호! 하느님이 내게 기회를 주시는구나. 클로야, 고맙다. 나를 아프리카로 초대해 줘서. 꼭 갈게. 기다려."

제인은 영화 제작소를 그만두고는, 어머니가 사는 번머스 마을로 돌아왔습니다. 영화 제작소는 월급이 적어 생활비를 쓰면 남는 돈이 별로 없었습니다.

'이제 아프리카로 가려면 허리띠를 졸라매고 악착같이 돈을 모아야 한다. 어머니 집에 있으면 생활비가 들지 않으니 이곳에서 월급이 많은 직장이나 구해 보자.'

제인은 마을 근처에 있는 호텔 식당에 종업원으로 들어갔습니다. 하루 종일 음식을 나르는 힘든 일이었지만, 꾀를 부리지 않고 부지런히 일했습니다. 그리고 월급을 타면 자기 집 마루에 깔린 양탄자 밑에 돈을 숨겨 두었습니다.

다섯 달쯤 지나자 양탄자는 부풀어 올랐습니다. 제인은 양탄자를 들추어 돈을 꺼내 세어 보고는 주먹을 불끈 쥐었습니다.

'이제 됐다! 이 정도 돈이면 아프리카로 가서 지낼 수 있을 거야. 자, 그럼 아프리카를 향해 출발!'

1957년 제인은 아프리카로 떠나는 배에 몸을 실었습니다.

런던 항을 떠난 배는 21일간의 항해 끝에 아프리카 케냐의 몸바사 항에 무사히 도착했습니다.

"제인, 오느라 고생 많았지?"

"오, 클로! 오랜만이야."

제인은 마중 나온 클로와 반갑게 인사를 나누었습니다.

꿈에도 그리던 아프리카 땅에 첫발을 내딛은 제인은, 클로와 기차를 타고 나이로비로 가면서 차창에서 눈을 떼지 못했습니다.

창 밖에는 넓은 초원이 펼쳐지고 얼룩말, 기린, 사자 등 아프리카 야생 동물들이 보였기 때문입니다.

'아, 내가 아프리카에 오긴 온 모양이구나. 책에서만 보던 야생 동물들이 내 눈앞에서 돌아다니고 있잖아.'

제인은 클로네 농장에서 3주일을 지냈습니다. 좋아하는 동물들을 언제든지 볼 수 있어 너무나 기쁘고 즐거웠습니다.

'벌써 날짜가 이렇게 지났나? 친구에게 폐만 끼칠 수는 없지. 아프리카에서 계속 살려면 나도 취직을 해야 해.'

제인은 이런 생각을 하고 클로에게 물었습니다.

"클로, 너는 내가 동물을 몹시 좋아하는 거 알지? 동물을 연구하거나 돌보면서 지낼 만한 직장이 없을까?"

클로가 대답했습니다.

"글쎄, 동물을 연구하는 일이라면 케냐 자연사 박물관 관장인 루이스 리키 박사를 찾아가 부탁하는 게 어떻겠니? 혹시 일자리를 줄지도 모르잖아."

제인은 친구의 말을 듣고 루이스 리키 박사를 찾아갔습니다.

리키 박사는 세계적인 고인류학자였습니다. 인류의 조상에 대해 연구하고 있었습니다. 그는 부인와 함께 '오스트랄로피테쿠스 아파렌시스'라는 인류 최초의 화석을 발견하기도 했습니다.

제인은 리키 박사를 만나자마자 이렇게 부탁했습니다.

"박사님, 저는 대학을 나오지 않았지만 동물에 대해서는 관심이 많습니다. 제가 아프리카에 온 것도 동물들과 함께 살고 싶어서입니다. 동물을 돌보거나 연구하는 일자리가 있으면 제게 맡겨 주십시오."

"동물들과 함께 살고 싶어서 아프리카에 왔다? 젊은 여성이 용기가 대단하군."

리키 박사는 제인과 아프리카 동물에 대해 이야기를 나누었습니다. 제인의 이야기를 들어 보니 모르는 것이 거의 없었습니다.

"놀랍군, 놀라워. 어쩌면 그렇게 동물에 대해 많이 알고 있나? 마침 잘 왔네. 내 연구를 도와줄 비서를 찾고 있었는데 그 일을 맡아 주게."

"감사합니다. 선생님."

제인은 뛸 듯이 기뻐했습니다. 자신이 원하던 일자리를 얻어 아프리카에서 살게 되었기 때문입니다.

다음 날부터 제인은 리키 박사를 도와, 올두바이 계곡에서 원시 시대의 사람이나 동물의 화석을 발굴하는 일을 했습니다.

하루는 리키 박사가 말했습니다.

"제인, 사람과 비슷한 동물이 침팬지라는 것은 알고 있겠지? 나는 야생 침팬지를 연구하고 싶어. 그러면 인류의 조상이 어떻게 행동했는지 알 수 있을 테니 말이야. 하지만 나는 야생 침팬지를 관찰할 엄두를 내지 못하고 있어. 침팬지가 워낙 빠른데다가 사람보다 힘이 세거든. 이런 일은 나보다도 자네가 잘할 것 같아."

제인은 리키 박사에게 야생 침팬지를 관찰해 달라는 부탁을 받고 하마터면 만세를 부를 뻔했습니다. 침팬지를 관찰하고 연구하는 일을 하고 싶다는 소망이 이루어졌기 때문입니다.

"탕가니카(지금의 탄자니아)의 곰비 강 야생 동물 보호 구역에는 침팬지들이 많이 살고 있다네. 이곳에 캠프를 세우고 침팬지들을 관찰하도록 하게. 금방 끝낼 일이 아니고, 10년쯤은 관찰하고 연구해야 할 거야. 그러려면 아무래도 연구 기금이 필요하겠지. 내가 연구 기금을 마련할 때까지 자네는 침팬지에 대해 공부를 해 두게."

리키 박사가 연구 기금을 모으는 동안 제인은 영국으로 돌아가 침팬지에 대한 공부를 시작했습니다. 침팬지 연구 자료는 모조리 구해 읽었으며 런던 동물원에 취직하여 침팬지들을 관찰했습니다.

'야생 침팬지에 대한 연구 자료는 한 가지밖에 없구나. 헨리 닛슨 박사가 아프리카에 와서 겨우 두 달 반 동안 침팬지를 관찰했을 뿐이야. 이 정도로는 야생 침팬지를 제대로 알 수 없지.'

제인은 침팬지에 대한 자료를 보면서, 자신은 좀 더 오랜 기간 동안 침팬지를 깊이 있게 연구하리라 마음먹었습니다.

1960년 7월 16일, 제인은 드디어 아프리카 탕가니카의 곰비 강 야생 동물 보호 구역으로 들어갔습니다. 혼자가 아니라 어머니와 함께였습니다.

제인은 이곳에서 침팬지들을 관찰해도 좋다는 허가를 미리 받아야 했습니다. 탕가니카는 영국의 식민지였는데, 총독부 관리는 처음에 27세의 젊은 아가씨가 혼자서 밀림에 들어가는 것을 허락하지 않았습니다.

"밀림이 얼마나 위험한지 아십니까? 혼자서는 절대 안 됩니다. 같이 가는 사람이 있어야 합니다. 그래야 허가를 내주겠습니다."

결국 제인은 어머니에게 부탁하여 함께 아프리카 밀림 속으로 들어간 것입니다.

제인은 곰비 강 옆에 텐트를 쳤습니다. 텐트에서 먹고 자며 침팬지를 찾아 나섰습니다. 그러나 아침부터 저녁까지 밀림 속을 헤매도 침팬지를 제대로 관찰할 수 없었습니다. 침팬지들은 제인이 나타나기만 하면 순식간에 달아나 버리기 때문입니다.

'가까이 다가가야 침팬지를 관찰하지. 우선은 망원경으로 살펴 봐야겠다.'

제인은 생각다 못해 망원경을 구해 들고 피크 산 꼭대기로 올라갔습니다. 그곳에서는 밀림이 한눈에 내려다보였습니다.

'저기 나무 위에 침팬지 두 마리가 있구나. 으음, 손과 발을 써

서 나무에서 이리저리 옮겨 다니는군.'

　제인은 날마다 산꼭대기로 올라가 침팬지를 관찰했습니다. 어떤 때는 며칠씩 산 속에서 잠을 자며 침팬지를 살펴보았습니다.

　어머니는 넉 달 만에 영국으로 돌아갔습니다. 제인은 혼자서 외로움을 견디며 관찰을 계속했습니다.

　'침팬지는 수십 마리가 떼 지어 다니지 않는구나. 기껏해야 네다섯 마리가 몰려다니는 정도야. 열매, 이파리 등 주로 식물을 먹지만 때로는 고기도 먹고……. 어, 어? 저것 봐라. 침팬지들끼리 껴안고 뽀뽀를 하네? 다른 녀석들은 반갑다고 악수를 하는걸.'

　제인은 침팬지를 관찰하면서 새로운 사실을 많이 알게 되었습니다.

　침팬지를 쫓느라 밀림 속을 헤매 다니다 보면 위험한 일도 적지 않았습니다. 한 번은 덩치가 큰 들소와 밀림 속에서 마주쳤습니다. 제인은 간이 콩알만 해졌습니다.

　'으악, 들소다! 들소는 날카로운 뿔로 무조건 받아 버리는데.'

　제인은 운이 좋았습니다. 제인이 바람을 안고 걸어, 들소가 제인의 냄새를 맡지 못한 것입니다. 제인은 조마조마한 가슴을 안고 들소를 피해 달아날 수 있었습니다.

　침팬지들은 제인이 가까이 오는 것을 좀처럼 허락하지 않았습니다. 제인이 90미터 떨어진 곳까지 다가가는 데 1년이 걸렸을 정도였습니다.

어느 날 제인은 밀림 속에서 침팬지들과 마주쳤습니다. 그런데 침팬지들은 여느 때와 달리 달아나지 않았습니다. 오히려 제인을 에워싸고 괴상한 소리를 내며 제인을 위협했습니다.

이때 제인은 일부러 겁먹은 표정을 지으며 바닥에 주저앉았습니다. 그러자 침팬지들은 금방이라도 덤벼들 듯하다가 갑자기 등을 돌려 밀림 속으로 유유히 사라졌습니다.

침팬지들은 이번 일을 겪고 나서 제인이 별로 무섭지 않고, 오히려 만만한 존재로 여기게 된 모양이었습니다. 어느 날, 침팬지 한 마리가 제인의 텐트에 찾아온 것입니다.

텐트 앞에는 야자나무가 있었는데, 침팬지가 야자나무로 기어오르더니 열매를 따 먹기 시작했습니다. 이때 제인은 텐트 속에 있었는데, 야자나무 위에 있는 침팬지를 보고 가슴이 뛰었습니다.

'아, 드디어 침팬지가 나를 받아들이는구나.'

그 뒤에도 침팬지는 자주 찾아왔습니다. 야자나무 위에 올라가 1시간 동안 열매를 따 먹다 가곤 했습니다.

제인은 침팬지에게 이름을 지어 주었습니다.

"네 이름은 '데이비드'란다. 어때, 멋진 이름이지?"

한 달이 지난 어느 날, 제인은 텐트 앞에 앉아 데이비드를 기다렸습니다. 그의 손에는 바나나가 쥐어져 있었습니다.

그때 저만치서 데이비드가 천천히 다가왔습니다. 제인은 빙긋이 웃으며 데이비드에게 바나나를 내밀었습니다. 데이비드는 처음에 제인을 물끄러미 보았습니다. 그러더니 머뭇머뭇하다가 바나나를 받았습니다.

그 뒤 데이비드는 날마다 제인을 찾아와 제인이 주는 바나나를 받아 먹었습니다. 어느 때는 바나나를 다 먹고 제인의 옷 속을 뒤졌습니다. 혹시 숨겨 둔 바나나가 있나 찾기 위해서였습니다.

'아, 내가 마침내 침팬지와 마음을 나누는 사이가 되었어. 진짜 친구가 된 거야.'

제인은 데이비드와 친해졌습니다. 데이비드는 혼자 오지 않고 친구들을 데려오기도 했습니다.

제인은 이들에게 이름을 붙여 주었습니다. 잘 흥분하는 몸집 큰 침팬지는 골리앗, 새끼를 달고 다니는 주먹코 암컷 침팬지는 플로라고 불렀습니다.

제인은 데이비드와 밀림 속을 돌아다녔습니다. 데이비드가 보이지 않으면 제인이 그를 찾아다니기도 했습니다.

어느 날, 제인은 데이비드를 찾아 나섰다가 놀라운 광경을 보

았습니다. 데이비드는 흰개미 굴 앞에 앉아 있었는데, 풀잎을 꺾어 굴 속에 넣고 있었습니다.

잠시 뒤, 풀잎을 빼냈습니다. 풀잎에는 흰개미들이 잔뜩 붙어 있었습니다. 데이비드는 흰개미들을 입술로 핥아먹고는, 다시 풀잎을 굴 속에 넣었습니다. 제인은 이 광경을 보고 소스라치게 놀랐습니다.

'오, 침팬지가 도구를 사용하는구나! 도구를 사용하는 것은 사람만이 아니야!'

제인은 침팬지에 대해 자신이 관찰하고 연구한 것을 논문으로 써서 발표했습니다. 그러자 학자들은 깜짝 놀랐습니다. 침팬지가 식물만 먹는 동물이 아니라 고기도 먹는 잡식성 동물이고, 사람처럼 도구를 사용한다는 것은 이제까지 알려지지 않은 새로운 사실이었습니다.

1963년 8월, 제인은 〈내셔널 지오그래픽〉이라는 세계적인 과학 잡지에 〈야생 침팬지들과 보낸 나날〉이라는 글을 발표했습니다. 이 글은 많은 사람들에게 감동을 주었으며, 사진과 영화로 만들어져 세상에 널리 알려졌습니다.

동물의 행동을 연구하는 학문을 '동물 행동학'이라고 합니다. 제인은 대학을 다니지 않았지만 침팬지에 대한 연구 성과를 인정받아 1965년 케임브리지 대학에서 동물 행동학 박사 학위를 받았습니다. 대학을 다니지 않은 사람이 박사 학위를 받은 것은 케임브리지 대학 역사상 여덟 번째였습니다.

제인은 박사 학위를 받기 1년 전에 네덜란드의 사진 작가인 휴고 폰 라위크와 결혼했습니다. 휴고는 제인의 침팬지 연구 과정을 사진으로 담았으며, 제인과 함께 들개나 자칼, 하이에나에 대해 연구하기도 했습니다. 그렇게 해서 함께 펴낸 책이 〈천진한 킬러들〉(1970)입니다. 그리고 1년 뒤에는 〈인간의 그늘에서〉(1971)를 펴냈습니다. 〈인간의 그늘에서〉는 제인이 탕가니카의 곰비 강 야생 동물 보호 구역에서 1960년대부터 10년 동안 침팬지를 관찰한 내용을 생생하게 담은 것이었습니다. 이 책은 독자들의 큰 사랑을 받았으며, 제인을 20세기 가장 유명한 과학자로 만들어 주었습니다.

1977년 제인은 '제인 구달 연구소'를 세웠습니다. 그리고 연구원들과 더불어 침팬지를 연구하고 보호하는 일을 시작했습니다.

제인이 침팬지를 보호하는 일에도 앞장서게 된 것은 침팬지들이 많이 줄어들었기 때문입니다. 침팬지들은 사냥꾼에게 붙잡혀 식용이나 실험용 또는 서커스단에 팔려가고 있었던 것입니다.

하루는 시장에 갔다가 새끼 침팬지를 보았습니다. 새끼 침팬지는 우리에 갇혀 있었습니다.

'불쌍한 것! 숲 속을 뛰어다녀야 할 네가 사냥꾼에게 붙잡혀 왔구나.'

제인은 침팬지를 붙잡아 팔아넘기는 사냥꾼들에 대한 분노가 치밀었습니다.

'이들을 그냥 놔둬서는 안 돼. 이들로부터 침팬지들을 지키고 보호해야 해.'

제인은 당장 경찰에 신고하여 새끼 침팬지를 구했습니다.

그리고 그는 이때부터 침팬지를 보호하는 일에 앞장섰습니다.

1991년 제인은 '뿌리와 새싹' 모임을 시작했습니다. 이 모임은 야생 동물과 자연 환경을 지키기 위해 만들었는데, 전 세계로 퍼져 많은 어린이와 청소년들이 '뿌리와 새싹' 회원으로 활동하고 있습니다.

제인은 이제 할머니가 되었습니다. 하지만 지금도 침팬지를 비롯한 야생 동물을 보호하기 위해 전 세계를 돌아다니며 바쁜 나날을 보내고 있답니다.

여성 위인전 사회사업가 편

'세상에서 가장 훌륭한 여성'으로 뽑혔던 사회사업가
제인 애덤스

1860~1935, 영국 여행 중 런던 빈민가의 사회 복지 기관인 토인비 홀을 방문하고는, 자신도 가난한 사람들과 함께 살아가겠다는 결심을 하고 미국으로 돌아와 1889년 시카고의 빈민가인 헐스테드 가에 빈민 구호소인 헐하우스를 세웠다. 이곳에서는 실직자들의 쉼터뿐 아니라, 공장에서 일하는 사람들의 자녀들을 위해 유치원과 탁아소도 차렸다. 또한 노동 운동과 여성 운동에도 열심이었다. 제1차 세계 대전이 일어나자 전쟁 반대를 위한 평화주의 운동을 벌였으며, 1919년 평화와 자유를 위한 여성 국제 연맹을 만드는 등 세계 평화를 위한 활동으로 1931년 노벨 평화상을 받았다.

　제인은 기분이 좋았습니다. 아버지가 생일 선물로 좋은 외투를 사 주었기 때문입니다.

　'나도 이제 여덟 살이야. 일요일마다 교회 학교에 다니게 되었단 말이야. 이번 일요일에 교회 학교에 갈 때는 꼭 이 외투를 입고 가야지.'

　제인은 외투를 입은 자신의 모습을 거울에 비춰 보며 속으로 이렇게 다짐했습니다.

　드디어 일요일이 돌아왔습니다. 제인은 새 외투를 입고 아버지의 방으로 갔습니다.

　"아빠, 교회에 다녀올게요. 아빠가 사 주신 외투가 아주 마음에 들어요."

　"정말 멋지구나. 예쁜 외투야. 하지만 제인, 교회에 갈 때는 그 외투를 벗고 헌 외투를 입으렴."

아버지는 제인에게 타이르듯 말했습니다.

제인은 의아스러운 얼굴로 아버지를 바라보았습니다.

"아빠, 그게 무슨 말씀이세요? 교회에는 새 옷을 입고 가면 안 되나요?"

"제인, 너도 한번 생각해 보렴. 가난한 집 아이들이 네가 입은 옷을 보고 어떤 생각을 하겠니? 자기도 새 옷을 입고 싶겠지? 아마도 집에 가서 부모님에게 새 옷을 사 달라고 조를 것이다. 하지만 부모님은 자식에게 옷을 사 줄 형편이 못 되니, 그 아이들은 철없이 군다고 부모님에게 매나 맞을 거야. 네가 새 옷을 입고 가서 네 친구들이 이런 일을 당한다면 너도 마음이 편치 않겠지?"

제인이 다니는 교회에는 가난한 교인들이 많았습니다. 아버지는 그런 집 아이들의 마음을 헤아려 제인에게 새 옷을 입지 말고 헌옷을 입으라고 권하였던 것입니다.

"알겠어요, 아빠. 제가 생각이 모자랐어요. 아빠가 하자는 대로 할게요."

제인은 자기 방으로 들어가 새 외투를 벗고 헌 외투로 갈아입었습니다.

이처럼 남의 마음을 헤아릴 줄 아는 아버지 존 애덤스는 미국 일리노이 주의 상원 의원을 지낸 능력 있는 사업가였습니다. 또한 그는 에이브러햄 링컨 대통령의 친구로서 흑인 노예 해방에 앞장섰습니다.

제인은 어릴 적에 아버지가 엉엉 우는 모습을 보았습니다.

"아빠, 왜 울어?"

제인이 묻자 아버지는 눈물을 뚝뚝 흘리며 대답했습니다.

"제인, 아빠의 친한 친구 링컨이 암살당했단다."

아버지는 울음을 그치지 않았습니다. 아버지가 우는 모습을 보기는 난생 처음이었습니다.

제인 애덤스는 1860년 9월 6일, 미국 일리노이 주 세더빌에서 아버지 존 애덤스와 어머니 사라 애덤스의 여덟째 아이로 태어났습니다. 아버지는 큰 제분 공장과 제재소를 운영하여 경제적으로 넉넉했습니다.

제인은 세 살 때 어머니를 여의었습니다. 하지만 아버지의 사랑을 받으며 어려움 없이 자랄 수 있었습니다.

아버지는 집에 들어오면 제인에게 책을 읽어 주었습니다. 주로 읽어 주는 것은 성경책이나 위인전이었습니다.

"제인, 너는 이다음에 커서 무엇이 되고 싶니?"

"아빠, 저는 가난하고 병든 사람들을 치료하는 의사 선생님이 되고 싶어요."

"왜 하필 의사 선생님이 되고 싶니?"

"예수님처럼 살고 싶어서요. 예수님은 가난하고 병든 사람들을 헌신적으로 돌봐 주셨잖아요."

제인은 의사의 꿈을 간직한 채 열심히 공부했습니다. 그는 고등학교를 졸업한 뒤 일리노이 주의 록퍼드 전문학교에 들어갔습니다. 제인은 1881년에 이 학교를 마쳤는데, 필라델피아 의과 대학에 진학하기 위해 공부를 계속했습니다.

그런데 이 무렵 불행한 일이 생겼습니다. 아버지가 갑자기 심장 마비로 세상을 떠난 것입니다. 제인은 뒷날 이 일에 대해 이렇게 밝혔습니다.

나는 아버지를 세상에서 제일 사랑하고 존경했다. 아버지의 죽음은 내 생애에서 가장 슬픈 일이었다.

제인은 의사가 되기 위해 필라델피아 의과 대학에 입학했습니다. 그런데 의학 공부를 해 보니 여간 어렵지 않았습니다.

'아유, 의학책만 봐도 하품이 나오네. 나한테는 의사가 적성에 맞지 않나 봐.'

얼마 뒤, 제인은 허리에 병이 생겼습니다. 얼마나 아픈지 학교를 계속 다닐 수 없었습니다.

의사 선생님이 말했습니다.

"무리하지 말고 당분간 푹 쉬는 게 좋겠어요. 여행이라도 다니면서 몸을 다스리세요."

 1883년 제인은 의사 선생님의 충고를 받아들여 2년 동안 유럽의 여러 나라를 자유롭게 돌아다녔습니다.

 제인이 영국에 갔을 때의 일입니다. 제인은 버스를 타고 런던 시내를 지나다가 어느 거리에 내렸습니다. 주위를 살피며 천천히 걸으니 골목길이 나왔습니다. 그곳에는 쓰레기들이 제멋대로 쌓여 있고, 다 쓰러져 가는 허름한 집들이 게딱지처럼 다닥다닥 붙어 있었습니다.

'흠, 시내는 번화하고 화려한데, 뒷골목에는 이렇게 빈민가가 있구나.'

제인은 얼굴을 찡그리며 코를 막았습니다. 쓰레기 썩는 냄새가 코를 찔렀기 때문입니다.

길가에는 야채를 가득 실은 트럭이 서 있었습니다. 트럭 앞에는 꾀죄죄한 옷차림의 사람들이 야채를 사려고 모여 있었습니다. 제인은 트럭에 실려 있는 야채를 보고 눈이 휘둥그레졌습니다.

'싱싱한 야채는 하나도 없네. 전부 시들시들하고 썩은 것들뿐이야. 어떻게 저런 야채가 팔리고 있지?'

사람들은 야채를 서로 먼저 사려고 아우성이었습니다. 야채가 귀하여 시들시들한 야채도 없어서 못 파는 모양이었습니다.

제인은 양배추를 산 사람을 뒤따라갔습니다. 그랬더니 그 사람은 길바닥에 주저앉아 양배추를 손으로 뜯어먹었습니다.

'썩은 양배추를 씻지도 않고 그대로 먹네. 배탈이라도 나면 어쩌려고 저러지?'

그 사람은 거지와 다름없었습니다. 며칠을 굶주렸는지 양배추를 순식간에 먹어치웠습니다.

제인은 그 모습을 보니 가슴이 아팠습니다.

'이 세상에는 저렇게 비참하게 살아가는 사람들이 많이 있구나. 나는 예수님처럼 가난하고 병든 사람들을 위해 살겠다고 다짐했다. 하지만 정작 저들을 위해 살지 못하고 세월만 낭비하고 있다. 이래서야 어디 예수님의 자녀라 할 수 있겠는가.'

제인은 부끄러워 얼굴을 들 수 없었습니다. 그는 여행을 그만두고 미국으로 돌아갔습니다.

제인 애덤스는 1887년에서 1888년까지 친구 엘렌 스타와 두 번째 영국 여행을 했습니다. 이번 여행에는 런던의 화이트채플 산업 지구에 있는 토인비 홀을 방문했습니다. 토인비 홀은 런던 빈민가의 사회 복지 기관이었습니다. 유명한 역사학자인 아놀드 조셉 토인비의 작은아버지 아놀드 토인비가 가난한 사람들을 돕기 위해 세운 빈민 구호소였습니다.

이곳은 가난한 사람들에게 물질적인 도움만 주지 않았습니다. 자원 봉사자가 직접 빈민가에 들어가 살면서 가난한 사람들을 돕도록 했습니다. 제인 애덤스는 토인비 홀을 둘러보고 앞으로 자신이 해야 할 일이 무엇인지 깨달았습니다.

'그래, 나도 우리나라에 토인비 홀 같은 빈민 구호소를 세우자. 가난한 사람들과 함께 살아가는 거야.'

미국으로 돌아온 제인 애덤스는 친구와 시카고에 갔습니다.
시카고는 미국 중부의 큰 도시입니다. 공업 도시라서 공장이 많아 세계 각지에서 여러 나라 사람들이 돈을 벌려고 모여들었습니다. 이들은 거의 대부분 시카고의 빈민가에서 어렵게 살아가고 있었습니다.

제인 애덤스는 시카고 빈민가 한복판에 낡은 2층집을 빌렸습니다. 1856년 찰스 헐이라는 사람이 지었다는 집이었습니다. 그 집을 몇 달 동안 수리하고 '헐하우스'라는 간판을 현관문에 달았습니다. 1889년 9월 18일의 일이었습니다.

제인 애덤스는 현관문을 활짝 열어 놓고 거리를 돌아다니며 소리쳤습니다.

"지치고 굶주린 사람은 저희 집에 오세요. 헐하우스는 공짜로 먹여 주고 재워 줍니다. 여러분이 언제든지 이용할 수 있는 쉼터예요. 어서들 오세요."

시카고 헐스테드 가에는 외국에서 온 많은 이민자들이 있었습니다. 그들은 공장에서 중노동을 하며 힘들게 살아가고 있었습니다. 그중에는 일자리를 얻지 못해 길바닥에서 자고, 배고픔에 시달리는 사람도 있었습니다.

그러나 그 사람들은 처음에 헐하우스에 가지 않았습니다. 공짜로 먹여 주고 재워 준다는 것이 믿어지지 않았기 때문입니다.

"지금이 어떤 세상인데 우리에게 먹을 것과 잠자리를 공짜로 주겠어?"

"무슨 꿍꿍이속이 있을 거야. 혹시 우리를 다른 나라에 노예로 팔아 버리려는 게 아닐까?"

사람들은 제인을 의심이 가득한 눈으로 바라보았습니다.

'제인이라는 여자가 그리 나쁜 사람처럼 보이지는 않던데. 까짓 것, 노예로 팔아 버리라지, 뭐. 일을 시킬망정 먹을 것과 잠자리는 주지 않겠어.'

한 사람이 이런 생각을 하고 헐하우스에 용감하게 들어갔습니다. 그는 하루를 보내고 입이 떡 벌어졌습니다.

'거짓말이 아니네. 배불리 먹여 주고 편히 재워 주는걸. 오, 우리 동네에 이렇게 좋은 쉼터가 생기다니!'

그는 곧바로 헐하우스에서 나와 동네방네 소문을 냈습니다.

"헐하우스는 빈민들의 천국이에요. 먹여 주고 재워 주고 모든 것이 무료로 제공되고 있어요."

소문은 삽시간에 곳곳에 퍼졌습니다. 소문을 듣고 사람들이 몰려들기 시작했습니다. 헐하우스는 빈민 구호소로 금방 자리를 잡았습니다.

헐하우스에서는 실직자들의 쉼터뿐 아니라, 공장에서 일하는 사람들의 자녀들을 위해 유치원과 탁아소도 차렸습니다. 그리고 병든 사람들을 치료해 주는가 하면, 상담소를 열어 어려움에 처한 사람들의 문제를 해결해 주었습니다. 또한 이주민들의 취업을 돕는 직업 교육을 실시했으며, 문화 생활을 위해 예술 강좌를 열고 미술관, 음악 학교, 순회 도서관을 운영했습니다.

제인 애덤스가 미술관을 열었을 때는 많은 사람들이 그를 비웃었습니다.

"제인은 가난한 사람들에게 당장 무엇이 필요한지를 모르나 봐. 굶주린 사람들에게 그림이 눈에 들어오겠어?"

"한심한 사람이야. 빈민가에 미술관을 세울 돈으로 차라리 먹을 것을 사서 나눠 주지."

사람들은 미술관에 아무도 찾아오지 않아 곧 문을 닫게 되리라 내다보았습니다. 그러나 그 예상은 빗나갔습니다. 저녁때는 퇴근길에 들른 사람들로 미술관이 북적거렸습니다. 아름다운 그림 한 점이 피곤에 지친 사람들의 메마른 가슴을 촉촉이 적셔 주었던 것입니다.

헐스테드 가는 외국에서 몰려온 여러 인종이 섞여 사는 동네였습니다. 그러다 보니 서로에 대해 편견을 갖고 있었습니다.

"중국 사람들은 음흉해. 좀처럼 남들에게 자기 속마음을 내보이지 않아."

"유대인들은 노랑이야. 지갑을 여는 것을 한 번도 못 보았어."

"이탈리아 사람들은 깡패 같아. 왜 그렇게 사람들을 못 살게 구는 거야?"

평소에는 서로를 미워하며 가까이하지 않던 사람들이었습니다. 그런데 헐하우스에서 만나 어울리다 보니 서로를 이해하게 되었습니다.

"중국 사람들은 음흉한 게 아니라 신중한 거였어. 일단 사람을 사귀어 보고 믿을 만해야 속마음을 털어놓는군."

"유대인은 노랑이인 줄 알았더니 그게 아니네. 꼭 필요할 때는 돈을 쓰는걸. 절약 정신이 투철한 사람들이야."

"이탈리아 사람들을 오해하고 있었어. 깡패 같은 사람은 어쩌다 한두 명이고, 모두 좋은 사람들이야."

이주민들은 서로서로 마음을 나누는 좋은 친구가 되었습니다.

제인 애덤스는 이들을 흐뭇하게 바라보며 이런 말을 했습니다.

"아무리 인종이 달라도 서로를 이해하면 좋은 친구가 될 수 있어요. 그러면 서로에게 등을 돌리는 일도 없고 전쟁도 일어나지 않을 거예요."

제인 애덤스는 헐하우스를 위해 밤낮을 가리지 않고 열심히 일했습니다.

헐하우스는 나날이 발전해 갔고, 1907년에는 건물 13채와 운동장 하나, 야영지 하나를 갖춘 사회 복지 기관이 되었습니다.

헐하우스가 이만큼 발전할 수 있었던 것은, 제인 애덤스를 도와 일하는 헌신적인 자원 봉사자들과 후원금을 내놓는 자선 사업가들이 많이 있어서였습니다.

　헐하우스가 문을 연 해에 제인 애덤스는 자원 봉사자 20명과 함께 살았습니다. 헐하우스에는 이들 말고도 정기적으로 찾아와 봉사 활동을 하는 많은 사람들이 있었습니다. 제인 애덤스의 조카인 제임스 린은 어느 책에서 이렇게 썼습니다.

누구든지 헐하우스에 오면 큰 환영을 받는다. 헐하우스에는 성심성의껏 일하는 젊은 여성들이 있다. 이들에게 도움을 청하면 그들은 무슨 일이든 최선을 다해 도와준다.

제인 애덤스는 헐하우스를 위해 아무리 후원금이 필요해도 아무 돈이나 덥석 받지 않았습니다.
하루는 헐하우스에 늙은 신사가 찾아왔습니다. 제인 애덤스는 그가 누구인지 금방 알아보았습니다. 시카고 지역에서 악덕 기업가로 소문난 사람이었습니다.
그는 후원금이라며 수표 한 장을 내밀었습니다. 2만 달러짜리 수표였습니다.
'해가 서쪽에서 떴나? 이 사람이 이렇게 큰돈을 후원금으로 내놓다니.'
제인 애덤스는 깜짝 놀랐습니다. 그러나 그는 수표를 돌려주며 말했습니다.

"사장님이 저희를 돕겠다는 마음은 감사히 받겠습니다. 하지만 이 돈은 받지 않겠습니다. 아니, 받을 수 없습니다."

기업가는 눈꼬리가 올라갔습니다.

"아니, 어째서 거절하는 겁니까? 내 돈은 돈이 아닙니까?"

기업가가 항의하자 제인 애덤스는 힘주어 말했습니다.

"그렇습니다. 사장님의 돈은 저희에게 돈이 아닙니다. 제가 알기로 사장님은 노동자들을 혹독하게 부려 재산을 모으셨습니다. 노동자들에게 제대로 노동의 대가를 지불하지도 않으면서 말입니다. 이것은 돈이 아니라 그들이 쏟은 피와 땀과 눈물입니다. 사장님은 이것을 팔아 명예를 사시겠다는 겁니까?"

기업가는 얼굴이 뻘겋게 달아올랐습니다. 그는 제인 애덤스를 무섭게 쏘아보더니, 수표를 도로 주머니에 넣고 씩씩거리며 방에서 나갔습니다.

제인 애덤스는 사회사업뿐만 아니라 노동 문제에도 관심이 많았습니다.

당시에 미국에서는 어린이나 여성들이 형편없는 임금을 받으며 공장에서 하루 14시간씩 일하고 있었습니다. 제인 애덤스는 그것이 부당하다며 이렇게 주장했습니다.

"어린이나 여성들을 혹사시키면 안 됩니다. 이들은 하루 8시간만 노동을 시키고 충분한 임금을 주어야 합니다."

제인 애덤스는 특히 여성들의 지위를 높이는 일에 힘썼습니다. 당시에는 여성의 투표권을 인정하지 않았습니다. 1910년대 미국에서 여성에게 투표권을 주는 곳은 다섯 개 주뿐이었습니다. 제인 애덤스는 1915년 〈여성들은 왜 투표를 해야 하는가〉라는 팸플릿을 만들어 돌리며 여성 선거권 운동을 벌였습니다.

1910년 제인 애덤스는 〈헐하우스에서의 20년〉이라는 책을 펴냈습니다. 이 무렵 그는 신문사의 여론 조사에서 '세상에서 가장 훌륭한 여성', '나라에 가장 큰 공을 세운 시민'으로 뽑히기도 했습니다.

1914년 제1차 세계 대전이 일어났습니다. 제인 애덤스는 전쟁 반대를 위한 평화주의 운동을 벌였습니다. 1919년에는 평화와 자유를 위한 여성 국제 연맹을 만들어 의장이 되었으며, 세계 평화를 위한 활동으로 1931년 노벨 평화상을 받았습니다. 제인 애덤스는 상금을 모두 여성 국제 연맹에 기부했습니다.

미국의 사회사업가, 평화주의자, 여성 운동가로 활동했던 제인 애덤스는 1935년 5월 21일 76세로 하늘나라로 떠났습니다. 헐하우스에 마련된 빈소에는 수천 명의 조문객이 줄을 이었다고 합니다.

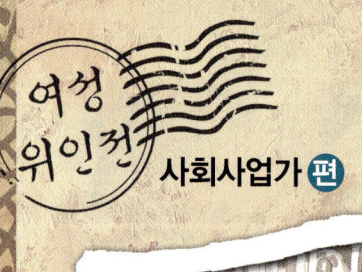

장애인들의 빛이 된 사랑의 천사

헬렌 켈러

1880~1968, 미국 앨라배마 주 터스컴비아 마을에서 태어나 1년 8개월 만에 몹쓸 병을 앓아 보지도 듣지도 말하지도 못하는 불구의 몸이 되었다. 그러나 1887년 가정 교사로 들어온 설리반의 도움과 피나는 노력으로 마침내 글도 쓰고 말도 할 수 있게 되었으며 하버드 대학의 래드클리프 칼리지를 우수한 성적으로 졸업할 수 있었다. 1903년 자서전 〈나의 삶〉을 출간하여 많은 사람들에게 감동을 주었으며, 이 내용이 1918년 영화로 만들어졌을 때는 직접 주인공으로 출연하여 화제가 되었다. 평생 장애인을 돕는 일을 하는 한편, 세계를 돌며 강연 활동을 하여 어려운 사람들에게 희망과 용기를 주었다.

미국 앨라배마 주에는 터스컴비아라는 마을이 있습니다. 이 마을의 '푸른 담쟁이덩굴 집'이라 불리는 집에서 1880년 6월 27일 예쁜 여자 아이가 태어났습니다. 아이의 아버지는 남북전쟁 때 남군의 대위였던 아서 켈러이고, 어머니는 버지니아 주 초대 지사의 손녀인 케이트 애덤스였습니다.

"우리 아기에게 좋은 이름을 지어 주고 싶어. 내가 좋아하는 숙모의 이름을 따서 밀드렛이라 하는 게 어때?"

아버지의 제의에 어머니는 고개를 저었습니다.

"그 이름보다는 친정 어머니 이름인 헬렌이 낫겠어요. 부르기 좋고 듣기 좋잖아요."

"아니야, 밀드렛이 더 좋아. 나는 아기 이름을 밀드렛으로 지어 줄 거야."

아버지는 끝까지 고집을 부려 결국 아기 이름을 밀드렛으로 정했습니다.

아기의 세례식 날이 돌아왔습니다. 아기를 안고 교회에 가서 세례를 받기 직전, 목사님이 아기 이름을 물었습니다. 아버지는 긴장한 나머지 밀드렛이라는 이름을 잊어버렸습니다. 그래서 저도 모르게 이렇게 대답해 버렸습니다.

"헬렌인데요."

그리하여 아기 이름은 밀드렛 켈러가 아니라 헬렌 켈러가 되었습니다.

헬렌은 태어난 지 1년 반이 되기까지는 건강하게 잘 자랐습니다. 방실방실 웃으며 온갖 재롱을 피워 아버지, 어머니를 즐겁게 해 주었습니다.

그런데 1882년 2월의 어느 날, 어머니는 헬렌의 이마를 짚어 보고 까무러칠 듯이 놀랐습니다.

"애 좀 봐, 몸이 불덩이처럼 뜨겁네!"

"뭐라고? 그럼 빨리 의사를 불러야지!"

연락을 받고 의사가 달려왔습니다.

"뇌와 위에 피가 많이 고여 있어요. 아무래도 살아날 가망이 없어 보입니다."

진찰을 끝낸 의사의 말에, 아버지와 어머니는 눈앞이 캄캄해졌습니다.

'우리 헬렌이 죽는다고? 안 돼! 하느님, 저 어린 것을 죽이지 말고 제발 살려 주십시오.'

아버지와 어머니는 하느님께 간절히 기도했습니다. 그러자 펄펄 끓던 열이 갑자기 내렸습니다.

"어떻게 이런 일이……. 이것은 기적입니다. 아기의 목숨을 건졌어요."

의사는 기적이 일어났다며 놀라움을 감추지 못했습니다.

그러나 심한 병을 앓고 나서 그 후유증은 컸습니다. 헬렌은 눈과 귀와 입이 있지만 보지도 듣지도 말하지도 못하는 상태가 되어 버렸습니다.

"여보, 이제 어떡하죠? 헬렌은 평생을 암흑 속에서 살아야 하나요?"

"하느님도 무심하시지, 어떻게 헬렌에게 이런 불행을……."

어머니와 아버지는 슬픔을 견딜 수가 없었습니다. 침대에 누워 있는 헬렌을 보며 목 놓아 울었습니다.

헬렌은 자랄수록 고집 센 말썽쟁이가 되어 갔습니다. 그래서 툭하면 짜증을 부리고 말썽을 일으켰습니다.

헬렌의 집에는 헬렌보다 두 살 많은 마르타라는 흑인 소녀가 있었습니다. 마르타는 헬렌의 집에서 일하는 요리사의 딸로, 헬렌의 놀이 상대가 되어 주었습니다.

헬렌은 마르타와 함께 집 안을 돌아다니며 말썽을 부렸습니다. 부엌에 몰래 들어가 과자를 훔쳐 먹기도 하고, 어머니 방에 들어가 화장품을 벽이며 바닥에 바르면서 놀기도 했습니다. 한번은 가위를 가지고 놀았는데, 헬렌은 정원에 있는 나뭇가지를 마구 자르고, 마르타의 머리카락까지 잘라 마르타를 울린 적도 있었습니다.

헬렌은 성격이 거칠고 버릇이 없었습니다. 화나는 일이 있으면 손에 잡히는 대로 물건을 집어 던지고, 방바닥을 뒹굴며 짐승처럼 울부짖었습니다.

아버지와 어머니는 헬렌이 잘못을 해도 내버려 두었습니다. 불쌍하고 가여워 혼내지도 못하고, 그 행동을 그대로 다 받아 주었던 것입니다.

어느 날, 아버지와 어머니는 심각한 얼굴로 마주앉았습니다.

"헬렌을 저대로 두어서는 안 되겠소. 어떻게든 헬렌을 가르쳐야지."

"그래요. 헬렌을 가르칠 선생님을 모셔 오도록 해요."

아버지와 어머니는 집 안에 가정 교사를 두기로 했습니다. 그래서 헬렌이 여덟 살 되는 해인 1887년 3월 3일, 헬렌을 돌볼 여자 선생님을 모셔 왔습니다.

앤 맨스필드 설리번 선생님으로, 스물두 살의 젊은 선생님이었습니다. 설리번은 눈병으로 장님이 되어 퍼킨스 맹아 학교를 다닌 적이 있었습니다. 그 뒤 수술을 받아 시각 장애에서 벗어났습니다. 헬렌의 부모님이 퍼킨스 맹아 학교에 가정 교사를 구해 달라는 편지를 하자 아나그너스 교장 선생님이 설리번을 소개해 이곳에 오게 된 것입니다.

다음 날부터 헬렌은 설리번 선생님에게 배우기 시작했습니다.

선생님은 가방 속에서 인형을 꺼내 헬렌의 손에 쥐어 주었습니다.

"헬렌, 이게 무엇인지 아니? 인형이야."

설리번은 이렇게 말하며 헬렌의 손을 잡았습니다. 그러더니 그 손바닥에 '인형'이라는 글자를 썼습니다.

헬렌은 설리번이 장난삼아 손바닥을 간지럽히는 줄 알고 배시시 웃었습니다.

'재미있는데? 나도 가만히 있을 수 없지.'

헬렌은 자기도 선생님 손바닥에 글자를 쓰는 시늉을 했습니다.

하지만 그 뒤에도 설리번이 인형을 줄 때마다 손바닥에 '인형'이라고 쓰자, 헬렌은 그것이 무슨 뜻인지 알아차렸습니다.

'오라, 이것을 인형이라 하는구나.'

그래서 헬렌은 인형이 필요하면 선생님 손바닥에 '인형'이라고 써서 그것을 얻을 수 있게 되었습니다.

설리번은 그 다음에 과자를 가져와서 헬렌의 손에 쥐어 주었습니다. 물론 헬렌의 손바닥에 '과자'라는 두 글자를 썼습니다. 헬렌은 몇 번 되풀이하지 않아도 지금 손에 쥔 것이 과자라는 것을 깨닫게 되었습니다.

헬렌은 이렇게 글자와 사물을 하나하나 익혀 갔습니다. 그래서 모든 사물에는 저마다 이름이 있다는 것을 확실히 알 수 있었습니다.

'이제부터는 식사 예절을 가르쳐야지.'

설리번은 이렇게 마음먹고 헬렌과 식탁 앞에 마주앉았습니다.

헬렌은 식사할 때 포크와 나이프를 쓰지 않았습니다. 그냥 맨손으로 음식을 집어 먹었습니다. 눈이 보이지 않아 다른 사람이 식사하는 모습을 본 적이 없어서였습니다.

설리번은 식사하기 전에 포크와 나이프를 헬렌의 손에 쥐어 주었습니다. 그러자 헬렌은 귀찮게 이런 도구는 왜 사용하냐는 듯 포크와 나이프를 던져 버렸습니다. 그러고는 다시 맨손으로 음식을 집어 먹으려고 했습니다.

하지만 설리번은 헬렌이 음식을 집어 먹게 내버려 두지 않았습니다. 음식 접시에 뻗친 헬렌의 손을 손으로 탁 치고는 다시 포크와 나이프를 쥐어 주었습니다.

그러나 헬렌은 포크와 나이프를 얌전히 받지 않았습니다. 또다시 던져 버리고는 기어코 손으로 음식을 집으려고 했습니다.

"안 돼!"

설리번은 소리를 지르며 헬렌의 손을 세게 때렸습니다.

"너 자꾸 고집을 부릴래? 그러면 너에게는 식사를 주지 않을 거야. 각오해!"

헬렌의 귀에는 들리지 않겠지만, 설리번은 호되게 야단을 쳤습니다. 그러고는 음식상을 치워 버렸습니다.

두 사람이 벌이는 실랑이를 지켜보고 있던 헬렌의 어머니가 말했습니다.

"선생님! 이 아이는 장애가 있는 아이예요. 너무 심하게 야단치진 마세요."

설리번이 단호한 목소리로 말했습니다.

"어머니, 저 아이를 자꾸 감싸시면 안 됩니다. 그러면 나쁜 버릇을 고칠 수가 없어요. 가엾다고 내버려 두면 헬렌은 영영 사람 구실을 못하게 될 거예요."

설리번은 헬렌의 부모님과 한 집에 있으면 헬렌을 제대로 교육시키지 못하겠다는 생각이 들었습니다. 그래서 헬렌의 부모님에게 부탁하여 집을 따로 얻어 헬렌과 단둘이 지냈습니다.

설리번은 식사 시간마다 헬렌과 싸움을 벌였습니다. 헬렌은 여전히 고집스럽게 손으로 음식을 집어 먹으려 하고, 설리번은 끈질기게 그것을 말렸습니다. 헬렌한테는 안됐지만 여러 차례 밥을 굶겼습니다. 그러자 몹시 배가 고픈 헬렌은 설리번의 말을 따르기 시작했습니다. 음식을 손으로 집어 먹지 않고 포크와 나이프로 식사를 하는 것이었습니다.

헬렌은 날이 갈수록 얌전해졌습니다. 식사 예절을 잘 지킬 뿐 아니라 선생님의 가르침을 잘 따르게 되었습니다.

설리번이 헬렌의 집에 온 지 한 달이 지나고 나서는 이런 일이 있었습니다.

선생님의 손을 잡고 헬렌이 숲길을 거닐고 있었습니다. 헬렌은 보고 듣지 못하지만 냄새는 보통 사람보다 잘 맡았습니다. 꽃향기를 좋아하여 꽃밭에 가서 놀기를 즐겼습니다.

그날도 헬렌은 봄바람에 실려 오는 꽃향기를 맡으며 기분 좋게 산책하고 있었습니다.

숲길에는 물가가 있어 어느 아주머니가 펌프질을 하고 있었습니다. 물이 쏟아져 나와 물통을 채워 나갔습니다. 그것을 보는 순간, 문득 이런 생각이 떠올랐습니다.

'옳지, 헬렌한테 물에 대해 가르쳐 주자. '마시다'가 무엇인지도

알려 주고……'

설리번은 헬렌을 물가로 데리고 갔습니다. 그러고는 헬렌의 손을 잡아끌어 펌프질을 했습니다. 차가운 물이 콸콸 쏟아져 헬렌의 손을 적셨습니다. 설리번은 펌프질을 멈추고 헬렌의 손바닥에 '물'이라는 글자를 썼습니다.

"헬렌, 잘 기억해라. 이것이 물이다."

그다음에는 손바닥을 오므려 물을 떴습니다. 그리고 그 물을 헬렌의 입에 넣어 주었습니다.

"물맛이 시원하지? 너는 지금 물을 마셨어."

설리번은 헬렌의 손바닥에 '마시다'라는 글자를 썼습니다.

그제야 헬렌은 고개를 끄덕였습니다.

'아, 이제 알겠다. 차갑고 시원한 것이 물이고, 물을 꿀꺽 삼키는 것이 '마시다'야.'

헬렌은 이날 겪은 일을 평생 잊지 못했습니다. 그래서 1903년 어느 잡지에 연재해 책으로 펴낸 〈나의 삶〉에서 이때의 기억을 떠올리며 이렇게 밝혔습니다.

모든 사물에는 이름이 있었습니다. 그리고 그 이름들은 꼬리에 꼬리를 물고 새로운 생각을 낳았습니다. 나의 손에 닿는 것은 하나같이 생생히 살아 있었습니다. 그것은 내가 새롭게 얻은 눈으로

본 것들이었습니다.

헬렌은 그렇게 한 자 한 자 글자를 익혀 6월 17일에는 처음으로 편지를 써 보았습니다. 사촌인 앤 조지에게 보낸 편지였습니다.

헬렌이 쓰는 편지입니다. 앤은 나에게 사과를 주겠다고 했지요? 심슨은 새를 잡았어요. 잭은 나에게 과자를 줄 테고, 의사 선생님은 내 동생 밀드렛에게 약을 줄 거예요. 어머니는 밀드렛에게 새 옷을 지어 주고요.

헬렌은 머리가 좋았습니다. 한 번 가르쳐 준 낱말은 절대로 잊어버리지 않았습니다. 그래서 어느새 400여 개의 낱말을 익혔으며 편지를 즐겨 썼습니다.

이렇게 되자 설리번은 헬렌에게 점자를 가르쳤습니다. 점자는 점으로 이루어진 맹인용 글자입니다. 두꺼운 종이 위에 도드라진 점들을 일정한 방식으로 나타내어, 맹인의 손가락으로 만져 읽을 수 있도록 했습니다.

점자를 익힌 헬렌은 마음껏 점자책을 읽을 수 있게 되었습니다. 1890년 3월 26일, 보스턴의 홀레스만 농아 학교에 입학한 그는 학교에 점자책이 많이 있어 지식을 넓힐 수 있었습니다.

헬렌은 학교에서 발성법을 배웠습니다. 선생님이 낱말 하나를 발음하면, 그때마다 학생이 선생님의 입 모양을 만져 보고 그것을 그대로 흉내 내는 것이었습니다. 한 가지 발음을 익히려면 수백 번, 수천 번 되풀이해야 했습니다. 그러다 보면 목이 붓고 혀가 굳어져 밤새 앓아 누워야 했습니다.

그런 피눈물 나는 노력 끝에 헬렌은 마침내 말소리를 내게 되었습니다.

"여, 러……분, 좋은…… 아, 침, 이, 에, 요……."

서툴기는 하지만 말을 할 수 있게 되다니, 헬렌은 감격스러웠습니다. 설리번 선생님의 품에 안겨 뜨거운 눈물을 흘렸습니다.

"장하다, 헬렌! 나는 네가 해낼 줄 알았어."

설리번은 그림자처럼 따라다니며 헬렌을 도왔습니다. 헬렌이 1896년 케임브리지 여학원에 들어갔을 때는, 교실에서 선생님의 말을 듣는 대로 헬렌의 손바닥에 손가락으로 그 내용을 알려 주었습니다. 설리번의 도움과 피나는 노력 끝에 헬렌은 하버드 대학의 래드클리프 칼리지에 당당히 합격할 수 있었습니다.

헬렌은 자신이 살아온 이야기를 기록한 책 〈나의 삶〉을 1903년에 펴냈는데, 이 책 한 권으로 하루아침에 유명해졌습니다. 장애를 극복한 그의 이야기는 많은 사람들에게 감동을 주었으며, 특히 장애인들에게는 큰 용기를 주었습니다.

그의 이야기는 1918년에 영화로 만들어졌는데, 헬렌 자신이 주인공으로 출연하여 화제가 되기도 했습니다.

1904년 대학을 졸업한 뒤에는 장애인들을 돕는 일에 온 힘을 쏟았습니다. 그리하여 1920년에는 실명 방지 협회가 만들어지고, 1929년에는 미국 맹인들을 위한 국립 도서관이 세워졌습니다. 123개 도시를 돌며 249회의 연설을 했는데, 자신을 불행하다고 생각하는 사람들에게 희망을 안겨 주었습니다.

헬렌은 여든아홉 살까지 살며 고난과 역경을 이겨 낸 성녀로서 그 사명을 다했습니다.